Marcus Hönig

Les larmes de Jimmy

Récit de voyage en Algérie

*"Raconte aux autres, dès ton retour,
ce que tu as vu, ce que tu as entendu !"*

Correction, relecture
Isabelle Côtre-Langonet

Photo Marcus Hönig
La parenthèse
Libre, quelquefois juste assez pour ne plus y penser.
Tigzirt, Algérie, août 2024

Édition : BoD · Books on Demand, 31 avenue Saint-Rémy, 57600
Forbach, bod@bod.fr
Impression : Libri Plureos GmbH, Friedensallee 273, 22763
Hamburg (Allemagne)

ISBN : 978-2-3225-9559-4
Dépôt légal : Mai 2025

"Que chacun dise franchement ce qu'il a à dire ; la vérité naîtra de ces sincérités convergentes."

Marc Bloch, dans *L'étrange défaite*

Avant d'embarquer

Un jour, pendant une balade en montagne, à la Croix de Toulouse, sur les hauteurs de Briançon, je rencontre un jeune homme qui me demande de l'eau. On papote. Il est bénévole pour trois semaines dans le grand centre d'accueil pour réfugiés.

Soudain, dans l'énumération qu'il fait des pays d'origine des réfugiés, il évoque l'Algérie.

Ce fut une immense surprise. Un Algérien aurait de bonnes raisons de quitter son pays ? J'étais à côté de la plaque. J'ai réalisé à quel point je ne savais rien, ni du passé, encore moins du présent, de ceux qui vivent à 800 kilomètres de Marseille.

C'est sur la Croix de Toulouse que la graine Algérie s'est semée en moi. Par ailleurs, j'étais à un moment de ma vie où je devais me mettre dans une situation qui ne permet rien d'autre que rapports de coïncidences. Alors, c'est là qu'il fallait aller.

Ce récit est une main tendue pour y aller ensemble, se faire une idée spontanée, laisser les rencontres se faire si elles le veulent bien. Ni voyeurisme, ni mise en scène du voyageur.

Un récit, comme un moyen. Je ne suis pas seul dans ma grande ignorance, je le sais. Je vous invite à embarquer pour l'autre côté de la Méditerranée, sans mission particulière, mais avec le désir ardent de lever un mystère, en savoir plus sur la vie des Algériens et Algériennes aujourd'hui, comme eux la racontent.

Ce pays est immense et je n'en ai vu qu'un confetti, mais partout, et c'est instantané, on sent battre ce grand cœur.

Plusieurs mois avant de poser un pied en terre arabophone, j'ai entrepris de m'attaquer à l'apprentissage de la langue. Il faut dire que ce n'est pas une mince affaire là où je vis. Je trouve un contact en passant par une association liée à la mosquée de la plus proche petite ville. Je vois plusieurs fois une personne, mais, même si les intentions sont les meilleures du monde, ce n'est pas suffisant.

Je trouve alors des cours en ligne de l'Inalco, c'est très bien. Résultat, un ridicule petit peu de vocabulaire et, contre toute attente, une qualité acceptable en déchiffrage de l'arabe. J'avais très envie de faire de cette langue autre chose qu'une spectaculaire calligraphie et un mystère indépassable. Avec un peu de peine et de régularité, n'importe qui peut rapidement lire quelques mots et progresser en douceur.

Plusieurs mois après, ces beaux acquis se sont quasi intégralement envolés, en attendant de les retrouver un jour, peut-être.

Notez, juste avant de partir, que certains noms ont connu les changements nécessaires à la préservation de leur tranquillité.

Août 2024

Mardi
6 août

« Tout est bancal, susceptible et vite rabiboché. Tu verras, c'est le soleil dans la nuit, la nonchalance. Bienvenue à toi. Raconte aux autres, dès ton retour, ce que tu as vu ! Les Grecs, les Numides, les Romains, les Africains, les Français et d'autres, l'Algérie est plus au monde qu'à l'Algérie. Tu vois, là, Notre-Dame de la Garde. Va voir sa sœur jumelle Notre-Dame d'Afrique. Entre les deux, ce n'est qu'une petite mer. »

Nous sommes enfin sur le bateau. Six fois le passeport est rentré et sorti de la pochette pour être scruté à chaque fois comme si le sort de la Nation en dépendait. Multiplier les contrôles, contrôler le contrôle.

Je rencontre Sarah sur le pont supérieur arrière du navire *Méditerranée* qui quitte doucement Marseille pour Alger qu'il doit atteindre vingt heures plus tard. Elle vient vers moi, sourire immense et me demande ce qu'il faut pour faire une belle photo. Je passe la bandoulière de mon 40D par-dessus ma tête, lui tends l'appareil et lui dis : « tiens, la prochaine sera la bonne ».

Elle rit, accepte le truc encombrant et prend une photo. Voilà, Sarah est ma porte d'entrée vers un pays à cette heure encore inconnu et lointain.

Pour moi, c'est une première, plusieurs premières même, car de voyage à bord d'un beau bateau comme celui-ci je n'en avais que rêvé jusqu'à ce jour. Sarah est très jeune, mince, cheveux et yeux noirs, sourire éclatant, la voix douce, une diction lente et claire. Elle me demande ce qui me conduit sur les terres d'Algérie, le travail, la famille, un job de reporter ou quelle autre raison. Je lui réponds que je viens pour elle, pour les Algériennes, les Algériens que je ne connais pas, qu'on ne connait pas en France où je vis, pour chercher des réponses à bien des questions dont je ne sais si elles sont les bonnes, voir de mes yeux le mystère algérien. Elle me dit être la fille d'Ichem, propriétaire de palmeraie dans le grand sud, le désert. Ichem, elle me donne son numéro, me disant : « il connait tout le monde, il fera tout pour toi où que tu sois en Algérie, appelle-le ». Elle me parle de son père, fils du désert de sable, de sa mère, fille du désert de pierres, des 55 °C qui règnent actuellement sur place.

« Il fait chaud au point de devoir arrêter la centrale électrique », ajoute-t-elle en riant, « j'espère que tu ne comptais pas aller là-bas ».

J'ai 50 ans, Sarah sans doute 25 ou 30 de moins et son aplomb, son regard presque mystique, en imposent. Elle dit retourner quelques semaines sur ses terres natales pour se reposer, prendre des forces, touchée qu'elle est par ce qui est qualifié de burn-out, terme qui reviendra sans cesse, et sans que je le sache, pendant la découverte de ce que l'Algérie voudra me montrer d'elle, mais sous une autre forme. Comment se repose-t-on par 50 °C est une énigme pour moi. Elle me demande quel sera mon parcours dans le pays. Je lui dis envisager rester quelques jours à la découverte d'Alger et selon l'envie et les circonstances traverser un peu le pays. « Traverser l'Algérie ! » s'écrie-t-elle. « Marcus, c'est l'Algérie qui va te traverser. » La prophétie de Sarah, fille des deux déserts, se réalisera.

Je parcours l'immense navire. 9 ponts, un animal de 30 000 tonnes pour 165 mètres. Sitôt parti, partout sur le bateau, des vieux, des vieilles, des enfants, couchés à même le sol sur une fine couverture pour certains, sur d'épais matelas gonflables bleus pour d'autres, partout dans les couloirs, sous les escaliers, devant les portes des sanitaires, du bar ou du snack. On dort, discute bruyamment, beaucoup sont dans le mouvement de la prière sur le petit tapis bien orienté. Un mélange tranquille de mosquée et de camping flottant qui s'enfonce dans la nuit, dans le large. J'ai tout le temps d'explorer les lieux plus tard. Pris par le sommeil, content d'être là, je rejoins le pont 6, la salle des fauteuils pour en dénicher un libre. Ils le sont presque tous. Entre les rangs, par terre, vieillards et femmes voilées ronflent à tout rompre. Un petit tour assis dans un fauteuil me décourage et voyant tout ce monde à l'aise par terre le plus naturellement du monde, j'en fais autant et m'allonge entre deux rangs. Sur le sol, en communion avec la bête qui nous transporte dans son ventre. Par le sol, tout son être se met à vibrer, on entre dans la force des eaux froides et noires brassées quelque 30 ou 40 mètres plus bas pour être brassé à son tour, mélangé physiquement comme un jeu de cartes, traversé par l'onde comme en préparation à la suite. Je ne sais encore comment on y arrive, mais on va en Algérie face contre terre !

Pas de lumière dans la salle, un clair de lune incertain. Un chaton miaule, un enfant pleure, les deux réclament du lait qu'on ne tarde pas à leur donner. Je n'y tiens pas et pars refaire un tour. Avant que chacune et chacun ne s'abandonnent à la nuit, dans la bête ou sous les relents de fuel qui couvrent les ponts extérieurs, le plus musulman des bateaux négocie ferme alcools et cigarettes. Au *Duty Free*, zone *Islam Free* des eaux internationales, billets, cartouches et flacons passent d'abord par de rugueuses virilités et changent de main en éclats de rire.

Mercredi
7 août

Mes réveils s'enchainent au rythme d'environ un à l'heure jusqu'à celui, différent des autres, qui me suivra tout au long du voyage. 4 h 30, je suis réveillé par de longs et caverneux *Allahou Akhbar*. C'est une affaire de trois minutes, l'homme disparait. À 7 heures, formule petit déjeuner café viennoiseries. Je ne suis pas encore sorti, mais par la fenêtre, une terre. Je me renseigne, les îles Baléares, Minorque, puis Majorque et chacun se saisit de son portable pour accrocher le réseau espagnol en passant. Le bateau vibre de plus en plus, c'est une impression peut-être après avoir été couché à même sa peau comme un nourrisson. La machine doit être énorme, la résistance plus encore. En tout cas, il m'aura tellement bien fait vibrer qu'il m'aura tiré toute ma petite monnaie des poches. Je croise mes nouveaux amis sur le bateau. Nous échangeons des nouvelles de la nuit. Aux sanitaires, ablutions acrobatiques et vue défilante sur les eaux dont je ne sais si elles sont calmes ou agitées. Nouveau café.

Un grand monsieur parle allemand avec son fils dans la file du snack. Je pratique aussi un peu l'allemand et nous partageons le café. Mohamed me donne immédiatement son numéro pour m'aider au cas où. Il voyage en Algérie depuis des décennies. Je suis son premier *routard* qui voyage seul, sans raison particulière. Il dit : « si quelque part au monde tu ne trouves pas quelque chose, cette chose se trouve en Algérie ». Vers 9 heures, les îles espagnoles sont avalées par l'horizon. Bientôt, enfin, plus rien.

Moktar, en polo et bermuda bleus, vient à son tour voir *l'Américain* qui l'intrigue depuis le départ. Nous sommes toujours sur le pont supérieur, difficile à quitter. Il aurait juré, avec toute sa famille, que j'étais Américain. Lui aussi pose des questions, n'en revient pas qu'il soit possible de faire cette route sans autre raison que de rencontrer les Algériens, me souhaite ce qu'il y a de mieux et formule le vœu que plus de gens fassent preuve de curiosité. Il me demande ma route.
« Alger.
— Trop beau.
— Béjaïa.
— Trop beau.
— Constantine.
— Trop beau.
— Sétif.
— Un peu moins, mais je suis jamais allé », dit-il.

Les vœux de bon voyage se multiplient. Il ajoute : « moi, je n'ai pas de potes algériens nés en France. Tu verras, c'est pas les mêmes ».

Moktar raconte : « Ma mère n'a jamais travaillé, elle touche la retraite de mon père ». Pendant qu'il parle, 10 h 30, il n'y a plus rien autour de nous que de l'eau. « Mon père, c'était un militaire. Tu sais, en Algérie c'est les militaires qui donnent le pouvoir, qui choisissent le président. Les gens n'ont pas de travail, je ne sais pas comment ils font. Le SMIC c'est 200 €, même pas, le kilo de viande est à 10 €. Ils ne mangent pas de viande, jamais ils ne mangent vraiment de viande. Ma mère touche 700 €, elle va bien. »

Je cherche le chemin le plus court pour aller manger une bricole, un homme me salue : « Salam, je m'appelle Christian en français et Ali en musulman, tu fais des reportages comme *J'irai dormir chez vous* ? J'ai vu ton sac à dos et l'appareil photo. T'es journaliste ? Je suis là avec ma femme parce qu'elle a un terrain à vendre. »

Ali-Christian souffle dans son collier de barbe. L'homme est frêle et a, pour être sincère, l'air déguisé en musulman dans sa djellaba flottante.

« Moi, le Maghreb je m'en fous un peu, je serais bien allé ailleurs, en plus ils m'ont envoyé les flics !

— Les flics ?

— Oui, les amis qui m'hébergent et dont j'ai donné l'adresse au consulat pour avoir le visa ont eu la visite des flics de Sidi Aïssa pour leur dire qu'ils sont à présent surveillés et qu'ils sont responsables si je me conduis mal. J'ai la pression. » Le collier de barbe reprend une soufflante et sa main s'agite à toute vitesse.

Je le quitte pour manger. Sur le pont extérieur, je croise un gamin d'une quinzaine d'années. Je lui demande ce qui a bien pu lui arriver pour qu'il ait l'air à ce point heureux, son sourire dépassait largement de chaque côté du bateau. Il me dit qu'il était en cabine de pilotage avec le capitaine ! De là-haut, ils ont vu une baleine plonger et une tortue qui avait une bouteille d'eau sur le dos ! J'ai faim.

Les gens sont tranquilles, jouent aux dominos, dorment sous les tables, se mettent en course-poursuite avec leurs petits. Discussions enflammées aussi, toujours les hommes, qui pour certains, dans un mélange savant d'arabe, de français, d'une conjugaison d'une autre langue encore qui donne un charme inégalé à cette marinade linguistique, se lancent dans des débats de *musulmanie*, comment être le plus, voire le mieux et, aussi soudain que le ton monte, il chute et s'installe la plus grande douceur entre tous. Dans les rares cas croisés de femmes qui s'agacent, souvent après un gamin qui les pousse à bout, il vaut mieux ne pas passer trop près.

En attendant le panini oriental au prix des eaux internationales, je papote tempêtes avec les cuistots. À la simple évocation du phénomène, les yeux s'ouvrent en grand. « C'est rare, monsieur, mais quand c'est la tempête, c'est la tempête. Même nous, on est malades. Y a du vomi dans tout le bateau, c'est un cauchemar. » Je récupère mon panini avec le secret et coupable espoir d'une petite tempête au retour. Il faut dire qu'à ce stade j'étais encore bien frais !

Une femme me demande si je suis journaliste et me dit : « Fais attention quand même ». Je lui demande à quoi. Elle vise mon repas, répond « si tu ne fais pas attention, en Algérie tu vas attraper le diabète ! » On sourit la bouche pleine.

Sarah me présente ses parents sur le pont arrière. Là se trouvent de beaux bancs confortables et une vue inqualifiable. Selon la brise, il n'est pas impossible d'avaler quelques litres de fuel, mais l'endroit est si beau que le désagrément est vite oublié. Je serre la main d'Ichem et la tends illico à son épouse assise à ses côtés. Sarah éclate de rire, sa mère approche sa main de sa poitrine sans me la donner et je reste avec la mienne tendue dans l'air marin. Monsieur Ichem rit aussi. J'ai dû faire une connerie. Alors, je demande à madame comment faire, que puisque je ne sais pas, autant apprendre par la première intéressée. Elle m'enseigne alors avec douceur, et contente d'avoir un élève, que serrer les mains aux femmes est une affaire que je devrais éviter à l'avenir, pour la tranquillité de tout le monde. Si je trouve un homme, je peux la lui donner, ce sera suffisant et cela lui fera plaisir. Il arrivera aussi que l'homme parle pour la femme. Si elle souhaite échanger, elle le fera. Nous rions bien sur le pont. Ils me disent que pour mon prochain voyage je devrais apprendre l'arabe. Je réponds, en arabe, que je suis mauvais élève. Re-éclats de rire quand je mélange bonjour et bonsoir. Tout s'apprend, et que celui que ne sait pas demande à celui qui sait !

Des nouvelles de Ghardaïa circulent. C'est une ville du sud, d'où est originaire Monsieur Ichem. Il est question d'importantes restrictions d'eau, de canicule. Lorsque j'entends le mot canicule prononcé par un Algérien, une dimension inconnue s'ouvre. J'ai des expériences personnelles assez litigieuses avec les périodes de canicule qui ont l'art de me mettre par terre, jardinier que je suis, même chez moi en Ardèche. On verra. Le grand sud, peut-être pas tout de suite. De plus, je n'ai que dix jours sur place.

Sur le pont latéral nous sommes assis au vent, nombreux, des heures durant, en silence, à contempler la mer qui tire d'un bord du cadre à l'autre, doucement.

Je fais connaissance de mon voisin, un homme doux, né dans une rue de la Casbah d'Alger. Il est depuis des lustres mécanicien en région parisienne. Je m'adresse à lui pour parfaire mon enseignement et éviter d'éventuelles boulettes majeures une fois sur place. Il se prête volontiers au jeu et me transmet le savoir nécessaire pour la visite d'une mosquée. Car, je ne lui cache pas être curieux de voir de mes yeux la plus grande mosquée d'Afrique, qui fait la fierté d'Alger plus que des Algérois, mais ça, je l'apprendrai plus tard. Après quelques explications pratiques et un mot général sur son rapport à la religion, l'homme humble et modeste lâche, main sur la poitrine : « L'Islam, c'est dans le cœur, pas dans la barbe ».

Le continent Afrique apparait, gris, brumeux, vallonné, mais surtout gris. Rapidement, les tankers en rade, et surtout l'anguleux et interminable minaret de Djamaâ El Djazaïr, la fameuse mosquée. Ce minaret a tout l'air d'être un message à la mer, aux voyageurs venus d'autres horizons, un marqueur d'entrée en terre d'Islam. Puis, sur les pentes, Alger, très justement appelée *la Blanche*, se montre en bloc qui plonge vers la mer à l'ouest, interminable à l'est, tentaculaire cité aux 4 millions d'habitants.

Le Mémorial des Martyrs là-bas, à l'architecture si particulière que je ne sais où la caser. Il ne ressemble à rien de connu. Enfin, l'impression existe d'avoir déjà vu quelque chose de semblable, mais où ? Peut-être je m'en souviendrai plus tard.

Accoster, patienter en haut du pont que soient appelés les passagers piétons, prendre des photos de l'arrivée dont une avec un homme couvert d'une chéchia, vu de dos, qui se penche vers son pays. Des bateaux pilotes, aux gueules de Mad Max des mers. L'image est vite couverte par les sons, les bruits d'ici. Sirènes américaines, bagnoles et bus pétaradants, un nuage par véhicule qui trace au pied de ce que la colonisation laissa comme son *minaret d'accueil* à elle, ses bâtiments au cordeau. Rampe Magenta, boulevard Che Guevara, blancs aussi, ont une dégaine riche pour celui qui ne les a vus que de son bateau.

Les douaniers qui œuvrent dans le palais marbré du port d'Alger sont sympathiques, surtout un qui se balade sans cesse pendant la très, très longue manip de contrôle avant de nous lâcher en ville. Sympathique, l'homme, et attentionné à mon égard, car je suis des rares à avoir droit à un petit carton, une fiche de renseignements à remplir avant de toucher au premier point de contrôle. Adresse de la réservation, profession, noms et prénoms de père et mère, oui. La fiche est lue avec une attention que l'on souhaite à tout écrivain. Les informations sont suffisamment précieuses pour que le fonctionnaire les *repasse* avec son stylo officiel, plus pour manger le temps que doit durer le contrôle que pour faire des lignes d'écriture. Tout cela est bien cordial.

Les enfants sont rois, et patients, pour partager jeux et bons mots avec les douaniers qui ne manquent pas d'attention à leur égard. C'était d'ailleurs le cas déjà au consulat général d'Algérie de Lyon où je me suis rendu par deux fois et où les enfants ne peuvent être autrement qu'ébouriffés tant chacun les gratifie d'une caresse, d'un contact, d'un mot doux. Cela reste une douane, ce n'est pas le moment, ni l'endroit pour faire le malin. La clim marche impeccable, on mangerait par terre tellement tout est propre.

Une connaissance du bateau me donne les dernières recommandations pour changer mes euros au Square Port Saïd, au marché parallèle, marché qui a son propre cours qualifiable d'officiel, ce qui donne d'emblée une idée de l'état de l'économie du coin. « Ne change pas tout tout de suite, vas-y doucement, prends le temps d'arriver, c'est pas comme à la maison », me dit-il.

Je prends note, le remercie, sors et me prends une tarte monumentale de pollution sur mon premier trottoir algérois, rue d'Angkor.

Voyager seul, n'avoir que soi-même pour filtre et carapace, chargé notamment de la certitude d'être un ignare complet quant au sujet abordé donne du poids aux premières impressions. Celles-ci arrivent par la fenêtre là où on pensait les voir entrer par la porte de sa bonne préparation. C'est parti, je suis ravi d'y être, de démarrer ce chemin, de m'enfoncer dans la ville pour enfin faire connaissance !

J'ai exactement dix jours devant moi. Seule certitude, les trois premières nuits seront algéroises. Pour obtenir le visa, il faut indiquer, comme mon ami qui a envoyé la police chez sa famille, une adresse vérifiable pour le séjour. J'ai réservé dès la fin du mois de février une chambre dans un petit hôtel, pour trois nuits donc, avec une bonne marge de liberté ensuite pour moi, mon sac à dos et 40D le fidèle boitier photo qui rendra de grands services. Je n'ai prévu de dormir ni à la belle étoile, ni chez l'habitant (j'y reviendrai plus tard, à cette question de loger chez l'habitant), mais bien dans de petits hôtels dans mes prix qui offriraient un peu de repos et une douche le soir venu.

Ne sachant pas où je pose les pieds, le potentiel de galère est déjà assez élevé pour ne pas ajouter des problèmes qui viendraient plomber un séjour que je prévois actif du matin au soir. Il faut donc être reposé, du mieux possible.

En guise de pénétration dans la ville, j'apprends que pour quitter le premier trottoir sans se faire shooter avant d'atteindre l'escalier de l'autre côté, il va falloir garder les yeux en face des trous et vite apprendre la technique des habitués. Je revois Ali-Christian, entouré de sa grande famille en barbe et dentelles, et d'un nuage qui quitte une Peugeot ancestrale. Eux seront la première image africano-moyenne-orientale avec ce contraste formidable d'apparence impénétrable et de gentillesse sans nom. On se salue encore un petit coup, se souhaite bon séjour, je fais une blague sur le dos d'Ali quant à son prochain séjour à la gendarmerie s'il ne se tient pas à carreaux et je file, confiant, dans le trafic monstrueux en guise de baptême de traversée de rue !

Je dois m'imposer de décrire cette première impression qui tombe sur la rétine comme une pluie verglaçante. Je savais que j'allais passer un mauvais moment, inconfortable parce qu'imprégné d'un sentiment d'immense amitié avec les Algériens, et on ne vexe pas ses amis ! et le besoin de dire la vérité sans l'exagérer sur ce que j'appelle encore ici pudiquement une impression, mais qui n'est rien d'autre que la réalité dont les amis en question sont les premiers à souffrir. Alors, oui, c'est sale, on ne peut pas dire partout et tout le temps, mais sale suffisamment pour que cela soit la norme. Minimiser cela serait stupidement manquer de sincérité. J'aurai l'occasion d'y revenir. L'autre point majeur est la pollution qui atteint immédiatement des sommets avec une intensité surprenante.

Il s'agit de trouver la rue de l'hôtel, quelque part entre le tribunal Sidi M'Hamed et Amar El Kama. Je mets tout de suite à l'épreuve mon talent pour me perdre, même sur un trajet court et simple. Cela fonctionne parfaitement puisque me voilà béat au croisement du boulevard Mohamed Khemisti et de la rue Asselah Hocine, juste sous la Grande Poste, pour débuter mon activité préférée, demander mon chemin !

Premiers contacts et souvenirs de paroles prévenantes d'avant départ : fais gaffe, attention, ne donne pas ta confiance à n'importe qui, tu peux avoir des problèmes, est-ce bien prudent d'aller là-bas… Le contrat avec moi-même est clair, je ferai exactement ce qu'il ne faut pas faire. Je n'ai pas le choix de donner ma confiance, alors, je me laisse faire et quel plaisir. Du policier qui ne sait où se trouve la rue, mais m'accueille avec de grands *sois le bienvenu*, de jeunes gens en déroute assis sur un capot de voiture qui répètent le message et m'indiquent le nom de leur rue pour que je puisse les retrouver si j'en ai besoin, j'arrive doucement dans le bon quartier qui n'est pas très éloigné. Sur les trottoirs, sous les arcades, au bord de la route, des hommes gesticulent avec des liasses de billets, j'approche du Square Port Saïd. Ma chambre n'est pas très loin.

Dans le quartier, j'ai l'impression qu'on ne voit pas à 100 mètres, c'est un festival d'odeurs, un grouillement de personnes qui entrent et sortent des échoppes innombrables dans le smog alimenté par les cheminées monumentales des bateaux qu'on aperçoit au bout de la rue. Je pousse la porte.

Assis, un peu enfoncés derrière leur comptoir d'accueil, des hommes blancs comme des linges répondent à mon Salam Alaykum encore un peu hésitant. Ils sourient, très cools, quand je leur montre ma réservation. Professionnel jusqu'au bout des doigts, sans jamais reconnaitre que ma réservation était largement passée à l'as, on m'annonce que j'aurai pour mon séjour la meilleure chambre de l'établissement, demain… Pour ce soir, en me tendant une serviette de bain trouvée dans la caverne d'Ali Baba sous le comptoir, j'aurai pour moi tout seul une belle chambre sous les toits, avec sanitaires partagés. Ça doit être la chambre *joker*. J'ai remercié encore et encore de ne pas être laissé à la rue !

À l'hôtel aussi, le passeport fait un stage de vérification complet par les employés, tenus de le faire et de remplir une petite fiche de police pour la sécurité des voyageurs, en cas de contrôle ou mieux, de problème que personne ne souhaite. Je pose mes 15 kilos de barda là-haut et sors voir de quoi Alger centre est faite la nuit tombée et ce que je peux me mettre sous la dent sans aller trop loin.

À côté des marches du Théâtre national je déniche un sandwich omelette-viande-fromage. Le cuistot, qui a l'air d'avoir 70 ans, me montre sa spatule plongée dans un seau de harissa et laisse paraitre son bonheur quand je lui indique que oui, vas-y ! Il y a dans ce bout de baguette plus de harissa qu'autre chose et je ne peux que saluer mon entrainement quotidien des trois mois passés à ajouter à chacun de mes repas cette petite sauce enflammée pour être prêt le jour J ! Le nuage d'échappements a l'air encore plus dense, les détritus encore plus nombreux sans qu'aucun endroit y échappe.

Je demande à une petite bande de jeunes si je peux m'asseoir avec eux. Ils m'acceptent puis dans l'instant, partout autour de nous, des explosions, des cris. Le club de foot Mouloudia fête son anniversaire ! Un jeune me lance : « on n'a pas le titre, mais on a la fête ! » L'Algérien aime le foot, c'est peu de le dire et il aime le montrer ! Quel accueil, me dis-je, les oreilles et les narines sifflantes de harissa sous les pétarades qui couvrent tout Alger centre qui, avec ou sans foot, est un véritable chaudron.

J'apprends vite qu'il est simple de changer l'argent partout, dans la rue, dans les commerces et hôtels qui assurent ce petit service, soit en allant eux-mêmes faire un tour dehors soit en piochant dans la caisse dédiée à cet effet et toujours à portée de main en échange d'une microscopique commission.

100 € = 24 000 Dinars algériens (DA) au parallèle, 10 000 de moins par la voie officielle à la banque. Le détenteur de devises étrangères est pacha en Algérie. Le salaire minimum est fixé à 20 000 DA, soit 135 €. Il est question des salaires les plus bas au monde. Des échanges nombreux m'en disent plus sur les conditions de travail qui peuvent paraitre folles pour un Français, sauf peut-être chez les agriculteurs ; 1 jour de repos hebdomadaire, jusqu'à 10 heures par jour. Des employés peuvent rester 1 an sans congés avec des perspectives maximales de vacances de 5 jours, sans repos en semaine pendant la période estivale, pour un salaire entre 40 000 DA et 60 000 DA. Beaucoup

de salariés gagnent moins que cela. Le chemin de la porte est vite pris pour celui qui se montrerait exigeant quant à ses conditions de travail ou son niveau de salaire.

Pour l'instant, sans périr en traversant et en évitant de buter dans un policier, appelé ici Chorta, comme il y en a tous les quelques mètres, plus ou moins armé, plus ou moins détendu, je vais faire l'ascension et retrouver la charmante chambre perchée. Sous le toit, de mon lit, au-delà du brouhaha, des klaxons et des palabres, l'appel à la prière de la mosquée Ibn Badis arrive de loin, passe d'une maison à l'autre. Appel lancinant qui se glisse dans la nuit algéroise. La chambre offre un tapis de prière, vert, plié, joli.

Jeudi

8 août

Le petit déjeuner est un événement sans pain, mais garni de petites crêpes rondes piquées de mille trous, des Baghrirs dans lesquels verser de grosses cuillères de miel. Un yaourt est de la partie et ces choses omniprésentes, les viennoiseries !

Tout se passe en ambiance feutrée, en voiles couvrants, de toutes teintes, toujours délicats et élégants comme celles qui les portent, imprimés fleuris et chatoyants. Croissant, pain au chocolat, pain au chocolat, croissant. Je suis parti pour m'organiser une constipation carabinée. La tempête, espérée idiotement, sur le retour, se chargera de déboucher le touriste !

La grande télé aide à rester engourdi encore un moment grâce à sa sélection de programmes locaux en arabe tout ce qu'il y a de plus tranquille. À vrai dire, j'ai déjà la tête qui bourdonne de questions, sur ce qu'a l'air d'être la vie en Algérie. Je verrai bien comment l'autopsie se déroulera. Ne rien brusquer.

Une dame me demande comment je trouve le petit yaourt Mamzoudj du matin. Je lui dis, tout sourire, qu'il est doux comme elle. J'ai bien cru avoir droit à petite caresse consulaire sur ma tête mal réveillée !

Les pros de l'hôtellerie algéroise sont en place, le combiné du téléphone à l'oreille pour dire en boucle que l'hôtel est complet, les yeux sur la porte qui s'ouvre quatre ou cinq fois par minute pour annoncer là aussi que l'hôtel est complet. Je mesure à quel point je suis veinard de ne pas être à la rue et remercie encore. Je propose de garder cette chambre si cela peut arranger. Et on m'offre ce sourire, ces mots : « Mon ami, soyez le bienvenu, Marcus. On vous prépare une très belle chambre. Tu as besoin de quoi que ce soit, n'hésite pas, je suis là pour toi. » Et on papote et on papote et je m'en fais le premier copain. Le gars est jeune, intelligent, lit entre les lignes à la vitesse de l'éclair et sera, en plus de son professionnalisme, bon compagnon. Mes balades au Square Port Saïd vont, quant à elles, vite m'offrir un lot d'interlocuteurs et interprètes précieux pour m'aider à la lecture de sujets compliqués rencontrés çà et là.

Une canicule insistante est installée sur le pays, assez pour enterrer définitivement mes projets de balades dans le sud. De plus, dix jours sur place, c'est beaucoup et peu à la fois. Je me connais, je mets un temps infini pour quitter une conversation et je n'ai nulle envie de me limiter dans les rencontres. De plus, si par hasard j'étais arrivé dans un pays où les transports prennent leur temps et sont ponctuels comme le laisse présager leur réputation, mieux vaudrait calculer au plus juste les kilomètres. Je me dis, n'oublie pas mon garçon que ce pays est grand comme quatre fois la France, le sud, c'est loin, un voyage à part entière.

Un tour à la gare s'impose pour prendre des infos pour un éventuel tour à l'est, côté Béjaïa. Ce n'est pas la bonne gare. Le prétexte de balade en ville est trop bon, je tire vers Agha, gare d'où partent quotidiennement les autorails me dit-on, je note.

On vit dans la rue, la circulation est pour le moins sportive. L'Algérien, et l'Algérienne aussi (!) ont un sens aigu de la dangerosité pratique. Par exemple, une rue, contrairement à ce que peut raconter son marquage au sol, a autant de voies que l'on peut mettre de véhicules côte à côte. Le phénomène se confirmera plus tard pendant mes longues balades en taxi dans les campagnes où une route à deux voies peut facilement en cacher deux de plus et créer un charmant et délicat petit ballet de choses qui se croisent avec plus ou moins de succès. Ils ont tous l'air énervés, mais non, tout le monde est détendu et c'est la clé de la survie du piéton, rester dé-ten-du !

Relax comme une anguille, je m'enfonce dans le métro d'Alger. Immédiatement je me dis qu'il doit avoir le même architecte que le bâtiment de la douane portuaire. Du marbre, de l'espace, une clim hivernale, la grande classe, c'est vraiment beau et devrait servir de modèle à un paquet de grandes villes. J'y ai pensé bien fort à mon retour dans le métro marseillais, aïe. De Tafourah - La Grande Poste à Place des Martyrs, deux stations. Place des Martyrs que l'on m'a indiquée comme bon point de départ pour aller me perdre un peu dans la fameuse Casbah et où je trouverais sans difficulté d'innombrables guides. Je n'ai pas spécialement envie d'un guide, mais si sorti de ce merveilleux moyen de transport je tombe dessus, pourquoi pas.

Il y a comme quelque chose de survendu. Cette impression s'installe que, sur le papier, dans les mots, les articles, tout serait merveilleux et je dois dire qu'Alger est belle à craquer, et le mot est faible, s'il n'y avait la réalité humaine qui accroche, hypnotise par sa pauvreté, et un je ne sais quoi de triste, d'insoluble. Le boitier photo est en bandoulière. On ne voit que lui si j'en crois les regards. Je suis le seul type avec une dégaine occidentale, forcément cela se voit comme le nez au milieu de la figure, attise les curiosités et invite aux conversations. Puis, eux comme moi, les conversations, on adore ça, alors merci 40D pour cet effet bienvenu même si son job initial était la *photo de vacances*.

Place des Martyrs, c'est un nom qui a de la gueule, qui force le respect. L'endroit me plait. Mosquée Djamaâ Eldjadid, blanche, vue fuyante sur la mer.

Un Africain lourdement handicapé se traine au sol. Des marchands de bricoles, de tissus, de choses de toutes sortes à l'unité, chaque vendeur faisant l'article le plus bruyamment possible. Je ne sais pas de quoi ils peuvent bien vivre. Pas de guides en vue, ce n'est pas plus mal. Je suis beaucoup trop réglé sur ce qu'est Alger aujourd'hui pour porter de l'attention des heures durant à ce qui aura pu se produire en 1720 ou en 1916. Une autre fois peut-être. D'abord, il me faut mon carburant quotidien, des fruits.

Je remonte vers la très belle mosquée Ketchaoua et suis les stands dans les ruelles étroites et noires de monde. Là, photo et hurlement d'un homme qui saute de son siège et m'engueule en arabe, un peu d'abord, puis en français, comme ça vient. Il est très énervé d'être pris en photo sans son consentement. Moi aussi, cela m'énerverait. Mais, ce n'était pas intentionnel et je tente de le lui expliquer. Le ton ne baissant pas j'adopte un niveau sonore égal au sien et tout va beaucoup mieux dans l'instant. On discute, se donne toutes les mains, s'excuse, se dit mon frère et il m'indique où je peux trouver des fruits et que je peux garder sa photo ! Du coup, attroupement. Je serre la pince à la moitié du quartier et pars escalader l'escalier qui doit me conduire aux pommes et bananes nécessaires pour la suite.

Pas 2 mètres sans sourires, messages de bienvenue, offre de services amicaux. Qui a dit que l'Algérien était agressif, mendiant, voleur ? Qu'il avance d'un pas, que je lui tire les oreilles !

Un marchand trie patiemment des cintres par couleur, un autre garde un étal avec 4 ou 5 petits jouets en plastique, un autre dépiaute des sardines qui vont pour moitié aux chats. Ces chats par dizaines sont tellement mal en point que même les vivants ont l'air morts. Les jeunes gens ont l'air fatigué, sont fatigués c'est évident, les vieux marchands devraient être à la retraite depuis une éternité. Le retraité algérien, toujours d'après les discussions avec les uns et les autres, doit se débrouiller avec 25 000 DA.

Tout, trottoirs, façades, balcons, fenêtres, tout est aux couleurs du club de foot le Mouloudia. Presque, la mosquée aurait eu droit à son petit fanion, mais quelque part quelqu'un veille au grain pour que ce genre de désordre ne se produise pas. Je trouve pommes et bananes, les prix sont délirants. Un camion poubelle transpirant fend la foule, perd la moitié de son chargement. Je continue de grimper d'escalier en escalier, le silence se fait. Fontaine, escaliers encore, des chats de toutes pathologies, petites et grandes portes, ruelles microscopiques. On ne sait où poser les yeux, le coin est un événement. Un homme m'indique que si je suis perdu je dois descendre, peu importe par où, descendre. Les maisons tiennent, pour celles encore debout, on ne sait comment. Beaucoup sont en poussière par terre. Des ruelles entières sont tuteurées par un étayage compliqué en bois digne d'une charpente de marine. Des chats toujours plus nombreux et quelques rats jouent sur une petite place où se trouvait il y a peu encore une habitation. Je rattrape un vieux couple. Je le dis sans aucune moquerie, mais chacun d'eux parait avoir 200 ans dans cet escalier abrupt. Je propose à l'homme de l'aide pour porter son immense sac jusqu'en haut. « Si je dois arriver en haut ce sera grâce à Allah, si je dois mourir ici ce sera grâce à lui aussi », peut-être souriait-il un peu en le disant, mais sur un visage de 200 ans ce n'est pas facile à voir.

Des drapeaux, tantôt Algérie, tantôt Mouloudia, et ainsi de suite. Papotage avec des habitants de la Casbah, nés ici. Ils sont, disent-ils, comme des poissons dans l'eau dans leur Casbah maltraitée.

Ils expliquent que tout est fait pour les sortir d'ici par des encouragements continus et insistants pour rejoindre la périphérie d'Alger et intégrer un *logement Tebboune*. Le président *(oncle Tebboune, rien à voir avec un célèbre canard)* fait construire des milliers d'appartements, de grandes barres visibles partout, pour faire face à une pénurie criante, particulièrement pour les jeunes gens. Ces habitants de la Casbah n'ont rien contre l'idée d'équiper le pays en appartements, mais supplient pour qu'on leur fiche la paix jusqu'à la fin de leurs jours, et ils ne sont pas pressés, pour qu'ils puissent vivre là où ils sont nés.

Sur une grande artère pavée, bien pentue aussi, un camion poubelle à quatre pattes avec de grandes oreilles charrie sur son dos un panier de déchets. *L'âne poubelle* de la Casbah et sa démarche pépère. Je débouche en haut où la circulation fait à nouveau loi. Je prends un café pressé à force de bras sur une Conti, assis sur le trottoir devant une vitrine où s'agitent 100 guêpes par pâtisserie quand même délicieuse.

Je trouve un nouvel escalier et m'engage quand, à ma gauche, du haut d'un mur d'au moins 3 mètres, un homme me saute dessus, me rate de peu, s'étale de tout son long dans un fracas osseux inquiétant, perd une chaussure qui voltige, se relève et détale en geignant dans la rue d'où je viens. Sortent alors de partout des poursuivants hurlants dont je ne saurai jamais s'ils ont fait main basse sur leur proie !

Un homme est assis un peu plus haut, il me sourit. « C'est l'Algérie, dit-il.

— Qu'est-ce qu'ils font ?

— Un vol sur le chantier. Ils vont courir après le voleur, voilà ce qu'ils font.

On aperçoit des policiers un peu plus haut. Ils étaient nombreux dans la rue en bas aussi.

— Pourquoi la police ne bouge pas ? je demande. L'homme jette ses bras en l'air et répète :

— C'est l'Algérie. Si tu vas au poste de police et tu dis, je me suis fait voler ceci, je me suis fait voler cela, ils vont te dire que tu es un menteur et tu vas avoir des problèmes. Tu comprends ?

— Et les gens du chantier, ils vont faire quoi au voleur, s'ils l'attrapent ?

— Tu ne le sauras pas, la police non plus et moi non plus, voilà.

Je lui donne la main, demande à quoi sert toute cette police d'après lui. Il sourit, garde le silence.

— C'est l'Algérie ? C'est ça ?

— Tu as tout compris, mon frère », dit-il, et se roule une cigarette.

Un peu désorienté par tout ce bazar, je continue mon chemin et réussis tout de même à me perdre. M'étonnait aussi d'avoir tenu si longtemps. Je divague, pas pressé, toujours plus haut et me retrouve je ne sais comment dans une sorte de casernement. En tout cas, ils sont tous en vert, tous armés jusqu'aux dents, avec 4x4 Mercedes, fourgons grillagés. Je me balade presque incognito dans cette immense rue toute verte de militaires ou gendarmes ou je ne sais quel bras de l'État, presque en sifflotant, gros boitier qui pendouille sous le bras, sac à dos et ma bonne bouille d'extra-terrestre au milieu des uniformes comme si j'étais invisible. C'était rigolo comme tout. J'en ai bien profité, mais n'ai pas tenté la photo non plus même si ça me chatouillait très, très fort.

Au bout de cette rue, je pique vers le bas à gauche sur le boulevard de la Victoire, croise 2 ânes poubelles, à nouveau des petites rues vers Chebbi Mokrane pour sortir non loin de la station Ali Boumendjel.

En bonne forme grâce à cette petite balade, équipé de pâtisseries et de fruits, j'entreprends sans tarder d'aller là où je brûle d'aller depuis des semaines, Djamaâ El Djazaïr, la Grande Mosquée !
Où, comment ? Demandons le chemin !

C'est la mosquée à 2 milliards de dollars. Je vais vite me rendre compte que les Algérois ont ce chiffre en tête plutôt que les mètres carrés ou de hauteur de la chose. Je dois filer jusqu'à la station

Pont El Harrach avec un tram aussi joli que le métro. Je m'en sors tellement bien avec l'achat de mon billet métro-tram à 70 DA que le truc refuse de fonctionner et que l'employé dans sa guérite finit par m'en offrir un.

Les locaux croisés dans le tram se doutaient bien qu'en me voyant aller dans cette direction, je ne me rendais pas au stade. Un homme m'aborde : « Tu vas à la nouvelle mosquée ?
— Oui.
— C'est la mosquée de la honte, c'est une honte. Avec l'argent qu'elle a couté, on peut faire un hôpital dans chaque wilaya. On a besoin d'hôpitaux et d'écoles, pas de mosquées inutiles ! À peu près tout le monde dans la rame acquiesce. Je demande s'il l'a déjà visitée.
— Non, et je n'irai pas. Je voudrais qu'elle ne soit pas là.
— Mais maintenant qu'elle y est on ne va pas la détruire, il faudra bien faire avec, dis-je.
— Monsieur, allez visiter la Grande Mosquée et quand vous rentrerez chez vous, dites que nous avons une belle mosquée, mais que nous avons besoin d'écoles et d'hôpitaux. L'Algérie se fâche avec le monde entier, avec ses voisins, avec l'Europe, la France. Même les équipes de foot africaines refusent de venir jouer chez nous et nous on construit une Grande Mosquée à 2 milliards

pour montrer au monde que nous sommes les meilleurs musulmans. Cela ne sert à rien. »
Je promets de rapporter ses propos. Il doit descendre. Sitôt dehors, les autres, et il y a du monde dans cette rame, m'encouragent à bien répéter tout ce que l'homme vient de dire.

Il faut, une fois quitté le tram qui, non, ne vous dépose pas sur place, marcher 10 bonnes minutes sous un cagnard impossible pour voir apparaitre la vastitude du premier et du deuxième milliard dans toute sa majesté. Des chiffres ? Plus haut minaret du monde connu, 265 mètres. De la place pour accueillir 120 000 fidèles, 2 000 places à la bibliothèque. Dans la coupole, le plus grand lustre du monde et ses 357 000 cristaux, et ainsi de suite.

Jamais je n'ai posé les pieds dans une mosquée. Je n'ai donc jamais assisté à une prière dans une mosquée, va de soi. En bon garçon curieux et respectueux, je compte faire mon possible pour être un visiteur modèle, ne pas me faire remarquer bêtement et m'en tenir aux limites qui s'imposent à un athée de passage. Pour l'instant, tout est fermé.

Des familles sont assises sous de microscopiques arbres. Infos prises auprès de la sécurité, il reste ¾ d'heure à rôtir devant les grilles. La même sécu m'indique que dans le quartier en face je trouverai à manger et de quoi boire. Je grimpe vers le lieu indiqué et bute sur une marée de poubelles étalées sur la route. Le contraste est saisissant, forcément, du dégueulis d'immondices en premier plan et Djamaâ juste derrière. Rien de neuf sous le soleil pour le coup, des contrastes comme celui-ci existent partout, mais quand même, c'est pénible quand c'est à ce point flagrant. Petit repas de légumes (très bons) avalé, je demande si des toilettes sont disponibles dans le quartier. Le jeune homme du mini-restaurant m'entraine à sa suite dans un bâtiment voisin qui est (ressemble à) une sorte de bureau de sécurité sociale ou caisse familiale qui m'ouvre largement les bras pour m'accueillir dans leurs toilettes. Je remercie et remercie encore.

Visiter cette mosquée est un événement personnel. C'est le joyau des joyaux en terre d'Islam et je suis reconnaissant par avance pour chaque petit coin qu'on voudra bien me laisser voir.

La grille s'ouvre. Je crois que l'intérieur de la Mosquée est le seul endroit en Algérie que j'ai vu équipé de petits panneaux qui disent où se trouve quoi. Mais, inculte que je suis des mœurs locales, cela ne m'est d'aucune utilité et je dois, même ici, avoir recours à quelqu'un qui sait. Un monsieur, mi-sécurité mi-religieux (?), enfin quelqu'un qui avait l'air de s'y connaitre et de travailler là, gentil, mais ferme, me dit que je peux aller et venir, prendre des photos aussi partout, sauf dans la salle de prière. Je lui indique aussitôt que je n'avais pas l'intention d'aller dans la salle de prière qui doit être réservée aux musulmans, et puisque ce n'est pas mon cas, je ne peux pas m'y rendre. L'homme ouvre de grands yeux et me laisse partir. Je le revois sans tarder puisque je me dirige en plein vers l'endroit réservé aux femmes ! Quel endroit. Je pars prendre la vue de l'autre côté de la cour, sorte d'esplanade interminable quand j'entends crier et siffler derrière moi, c'est le même homme encore qui arrive cette fois en courant. Certain d'avoir réussi une connerie je m'attends à être posé sur le trottoir et terminée, la visite. Il dit : « Tu as dit que tu ne peux pas aller dans la salle de prière parce que tu n'es pas musulman. – regard. Tu as respecté ma religion. – reregard. J'ai parlé à (je suis incapable de dire quel terme il a employé, mais il s'agit pour le coup d'un religieux), il est d'accord, tu peux aller dans la salle de prière. – rereregard sur les pieds. Mais tu dois enlever tes chaussures et pas prendre de photos. » J'ai trouvé ce geste d'une générosité folle et j'en serai toujours reconnaissant. Je range mon appareil, promets de sortir quand la prière commence, remercie de pouvoir voir la salle et pénètre dans le Saint des saints.

L'effet est renversant, je n'ai jamais rien vu d'aussi grand, beau, d'infiniment délicat, si vaste et intime à la fois. Blanc, noir, or, bleu ciel sont les couleurs de cet espace parfait. Je m'installe comme les autres, au sol sur un délicieux tapis bleu, j'admire le plus grand de tous les lustres. Je suis conquis et pense à ma chance immense de voir cela de mes yeux, de sentir cette atmosphère quand la salle s'emplit d'une voix quasi surnaturelle, l'appel à la prière commence ! C'est tout simplement envoutant. Ces derniers mois, à la maison, j'ai fréquenté de manière intensive la langue arabe, pour en apprendre des tout petits bouts, apprendre à la lire et l'intégrer, m'y habituer, faire connaissance. À cet instant, dans la Mosquée, grâce à cela, je reçois chaque parcelle de la délicatesse de cette langue. Oui, elle est particulière et il faut se donner un peu de peine, mais une fois cet effort fait, elle irradie de beauté. Les fidèles arrivent en nombre, des rangs se forment. Par crainte de dire des âneries trop monstrueuses, je ne vais pas me prêter à l'exercice d'une description de ce qui se déroule et comment. J'ai alors oublié ma promesse de quitter les lieux avant la prière et attends, un peu livré à moi-même et mon ignorance, mal planqué au pied d'une colonne. Je vois du coin de l'œil un homme s'approcher de moi. Je suis sûr de me faire virer ! Il ne dit d'abord rien, me tend la main, je lui donne

la mienne. Il demande : « C'est ta première fois ?
— Oui. » Il sourit et s'en va !

Ici, cher lecteur, chère lectrice, un peu de pudeur.
Le reste, la suite, je les conserve quelque part au
fond de moi, par respect pour l'accueil qui m'a été
fait. Je pense à Sarah et l'Algérie qui me
traverserait.

Je retrouve mes chaussures, revois l'homme de
tout à l'heure. Il dit : « Tu as touché mon cœur ».
Je repense au gentil mécano rencontré sur le bateau
qui disait que l'Islam c'est dans le cœur. Je ne suis
toujours pas musulman, mais certain d'une chose,
ceux qui étaient ce jour-là sur ma route à Djamaâ
El Djazaïr, de cœur, ils en ont un grand !

La rue retrouvée, je m'assieds sur un muret pour
écrire quelques lignes. Des fidèles viennent me
saluer en sortant, me remercier de leur rendre
visite. Je suis tellement touché et sous l'effet
encore de toutes ces beautés inconnues et ces gens
que j'écris : *s'il y a des hommes, s'il y a une terre*
des hommes, à 13h45 ce jour, elle est en Algérie.

Au loin, Alger est à peine visible tant la pollution
est violente. J'espère qu'un jour pour tous ceux et
celles qui vivent ici le ciel pourra être clair.

À côté d'une voiture au coffre ouvert, une jeune
fille trisomique, voile et chapeau de paille, blague

en arabe avec d'autres enfants. Le tableau est aussi joli qu'une fleur en hiver.

Il est tôt, je suis chargé de toutes les énergies disponibles sous ces latitudes. Je ressors 40D. Direction le Mémorial des Martyrs !

Les rencontres s'enchainent à la station Ruisseau. Il semblerait que d'ici je puisse rejoindre les hauteurs d'Alger, par voie de téléphérique. J'ai cru à une blague locale réservée aux rares touristes en quête de rigolades. Ce n'est ni une blague, ni une enclave suisse en Algérie, mais bien un moyen de transport tout à fait ordinaire et loin d'être le seul dans la ville.

À Ruisseau, des jeunes gens, 4, font des pieds et des mains pour me faire comprendre qu'ils veulent une photo d'eux, on prend la pose, fait une belle image que je leur montre sur l'écran de l'appareil. Tout le monde se trouve au plus beau et une discussion amicale et fournie par les 4 qui parlent en même temps en arabe me fait bien rire. Je suis dépassé, mais content qu'une simple photo puisse à ce point faire plaisir. Le plus drôle, et ce sera une constante les jours suivants, est que tous ces braves gens sont presque tous équipés d'engins téléphoniques capables de faire de belles photos, mais celle faite par *l'Américain* de passage, avec son bel appareil, doit avoir une autre saveur. Rien de plus amical et rigolo que ces envies spontanées. Illico, deux autres jeunes prennent la place comme on s'assied dans un photomaton prêt à déclencher. Hop, sourire, on donne son numéro pour l'envoi plus tard des portraits par la messagerie qui va bien.

Et voici qu'arrivent à ma rescousse deux dames qui se mêlent à la conversation qui est passée de 5 à 7 participants, plus elles qui traduisent à tout va. Ce sont des jeunes du sud, du désert qui, d'après mesdames, n'ont jamais appris le français qui s'enseignerait moins ces dernières années au profit de l'arabe, bien entendu, et de l'anglais. Ils sont venus visiter leur capitale.

Ces dames sont françaises, pas du tout ravies de se balader voile sur la tête, mais conscientes d'après ce qu'elles me partagent de se faciliter considérablement leur vie de femmes à Alger le temps de leur séjour en adoptant la mode caméléon. Cette fois, c'est moi qui leur propose une photo que je leur enverrai plus tard en souvenir de nos papotages à la station Ruisseau. Elles sont ravies, clic, c'est dans la boite.

Le téléphérique ne fonctionne pas aujourd'hui. Je prends l'ombre sous un arbre quand passe une colonne de véhicules tout en musique. La voiture de tête déborde de musiciens et dans le bazar ambiant, eh bien l'espace d'un instant, on n'entend plus qu'eux ! Un mariage, peut-être ? Je n'ai pas aperçu de mariés. Musique pour tout le monde, peu importe pourquoi, c'est fameux.

Je traverse la place pour trouver un taxi sur le carrefour. Mon premier contact concret avec la réputation cataclysmique de la conduite des Algériens. Je l'ai déjà évoqué. Il n'y a qu'à se poster 2 minutes au bord d'une route pour constater qu'un nombre effrayant de ces gens comptent arriver au paradis en voiture. Le drame, c'est que beaucoup y arrivent. Heureusement, ma destination n'a rien d'évocateur, je me rends au Mémorial des Martyrs, je ne vois pas où est le problème.

L'ambiance redescend de plusieurs crans. Un jeune homme, petite trentaine, vient vers moi pour discuter. Il pense lui aussi que je suis journaliste français. On se serre la main, on ralentit le pas. Il me raconte être monteur vidéo de métier, au chômage ici et sans aucune perspective avec ce métier qu'il aime. Il a pu exercer et se perfectionner en France où il est resté quelques années, clandestin, sans papiers, avant d'être renvoyé en Algérie. Il avait réussi une traversée vers les eaux espagnoles. Dans son regard semblent s'être accumulées toutes les eaux noires du monde.

Il est profondément déprimé par sa situation. Il dit : « Vous voyez, l'Algérie tue sa jeunesse, c'est une prison à ciel ouvert. Je ne sais pas comment je vais m'en sortir, je vais repartir c'est certain. Ici il n'y a rien, on ne peut qu'y mourir. Je vais repartir. » Il est désespéré, me remercie de l'avoir écouté. Je suis très touché par cet homme qui ne me demande rien d'autre qu'être écouté un instant, juste être écouté. Il ajoute, avant que nous nous séparions : « Haraka, tout le monde veut faire Haraka ».

Non seulement je ne connais pas ce mot et ne peux comprendre ce qu'il veut me dire, mais je ne tarderai pas à découvrir que j'avais mal compris. La rencontre entre les paroles entendues à la Croix de Toulouse au-dessus de Briançon et la réalité algérienne pour la première fois touchée du doigt se fait à côté d'un téléphérique en panne. Ce mot mal compris, j'y reviendrai.

D'abord, un autre trentenaire, collier de barbe qui vient de connaitre un coup de brosse, ravi d'être un taxi algérois, m'emporte plein gaz tout là-haut, s'arrêtant bien avant le ciel cette fois et me dépose sain et sauf à côté d'un barrage de gendarmerie. Je gravis les escaliers, arrive au pied de cet étrange monument et n'ai plus que le mot Haraka en tête.

Impossible de prendre le pli de la pollution décuplée par la chaleur littéralement écrasante à cet endroit sans arbres, bétonné tout autour du monument en dehors de quelques mètres carrés verts occupés par des familles en visite. Demeure toujours la beauté de l'ensemble, de ce qui fait la vue sur la ville, ces HLM en drapeaux, citernes et paraboles, la voie rapide neuve, ces palmiers saillants qui rappellent où nous sommes. Et le plaisir manifeste de ceux qui se trouvent ici, au pied d'une prouesse architecturale difficile à accrocher du regard.

Le mémorial s'élance sur une petite centaine de mètres de haut. Sous cette sorte de capsule verticale coincée à mi-hauteur, les grandes feuilles de palme en béton offrent un abri, un lieu de rassemblement, une certaine douceur même, une protection. Mais la partie supérieure, avec ses petits yeux d'araignée, ses antennes et l'incurvation inversée des feuilles pour devenir boucliers et grandes oreilles m'inspirent dureté, sévérité, conflit en cours. Un mémorial ne doit pas être simple à imaginer. Celui-ci, c'est l'effet qu'il me fait, a été imaginé au chevet d'une plaie encore ouverte.

« Le musée du Moudjahid est fermé jusqu'à samedi », dit un homme couché près de la porte. Dommage, pour le coup, vraiment dommage. Une jeune fille porte un faucon sur l'avant-bras, un oiseau qui va parfaitement au lieu. J'ai l'impression de reconnaitre des touristes, en tout cas des gens venus d'ailleurs qu'Alger. Des vendeurs de mini-mémorial-des-Martyrs en plastique ou métal s'activent. Le lieu est propre, mais tellement chaud. Des hommes en uniforme, en armes sérieuses, se baladent ici aussi, sans que je puisse deviner sur quoi leur attention se porte. Ils sont là, gentils à souhait quand je leur demande quelque chose, l'un même répondra plus tard à une question presque intime, mais aucun doute que s'il devait y avoir un chahut les conséquences seraient imprévisibles. C'est dans l'ordre des choses d'être redouté, c'est ainsi. Je rejoins une route d'où la vue plongeante sur la capitale est grandiose. Il y a du monde, je n'ai pas vu de banc. S'il pouvait faire un peu moins chaud…

J'ai une pensée laborieuse pour les 55 °C dont certains m'ont parlé. J'ai bien fait de rester dans la fournaise locale. Je crois que si j'y étais allé, j'y serais toujours à faire des ronds dans le sable avec les Dupond et Dupont ! Je dois absolument verser quelque chose de frais et d'un peu sucré dans la boite qui abrite mon cerveau. Je suis, au hasard, des personnes et à 100 mètres de là apparaissent parasols et tables. Je me sers dans les grands frigos, 2 bouteilles d'eau, 1 de jus de pomme, 1 autre de jus d'orange. Les jeunes commerçants sont d'une infinie gentillesse et m'apprennent, après de longs messages de bienvenue, que non, ils n'ont pas de cartes postales. Bizarre, nulle part des cartes postales. Mais ils ont à boire en quantité. Mettons ensemble sur le compte d'un cerveau ramolli le fait que j'ai plaisir à baptiser les petites limonades *Mirinda* du joli nom de *Fantarabe*. Mais, si j'en crois une note prise plus tard à ce sujet, le plaisir s'arrête là, car celle-ci dit (on ne se vexe pas !) : *les boissons qui disent d'elles-mêmes qu'elles sont délicieuses ET savoureuses sont dégustées avec le même plaisir qu'aller se baigner à Tchernobyl...*

Toujours est-il que je ne sais pas exactement où je me trouve quand, à 50 mètres de mon parasol, je vois passer entre les arbres une cabine de téléphérique ! Je termine toutes mes bouteilles et vais rejoindre le petit attroupement pressé devant la guérite qui abrite un vendeur de tickets. Le vendeur en question est pris d'accès réguliers d'impatience et tente de refaire l'éducation de la petite foule qui combine promiscuité, envie de rentrer pour en sortir, enfants disparus dans le labyrinthe de jambes à touche-touche et canicule au mieux de sa forme.

Je ne sais toujours pas où me conduira la balade. Voyager seul, en curieux, n'ayant que soi à supporter, permet de se mettre dans les situations les moins désirables en trouvant ça formidable. Alors, j'adore ça et suis patient pour les autres. Je vais à la pêche aux gamins, répare des lunettes écrasées, souris au vendeur gesticulant. Nous avançons par grappe de 15, 20 ou 25 personnes, je ne sais pas. 20 DA pour se rendre en bas où apparait le Jardin d'essai. La vue des pylônes avec cabines montantes et descendantes sur fond de Jardin d'essai et Méditerranée est géniale. Sitôt la petite cabine siglée ETAC partie, une éternité d'émerveillement commence pour la minute qui suit. On rit, fait des ouhh, des ihhh, on craint pour sa vie et arrive déjà.

En bas, je termine une conversation engagée avec un jeune homme, moins de 20 ans, qui explique être mécanicien la journée et contraint d'exercer une multitude d'autres boulots, ceux qu'il trouve au jour le jour, pour vivre. Lui aussi dit vouloir partir et ne pas pouvoir. Il décrit sa situation comme misérable : « En France, dit-il, une heure de travail, 15 €, à Alger, 1 000 DA pour un jour ». Il est lui aussi touchant, sincère, direct et sans illusion dans ses propos sur l'avenir que lui réserve son pays, en concurrence avec des millions d'autres jeunes. On discute encore un peu avant que je ne tente de traverser. Il insiste pour m'inviter chez lui, me présenter ses parents pour discuter ensemble. Je refuse, me démerde pour ne pas montrer à quel point il est bouleversant là au beau milieu de tous les autres. En nous quittant, les mains dans les mains, c'est lui qui me souhaite bonne chance.

C'est quelque chose, cette générosité, cette fraternité franche des Algériens !

Les rues sont pleines à craquer de jeunesse. Les filles se baladent par 2 ou 3 sans rester statiques et en bande comme les gars. Les filles, les femmes, ne croisent pas mon regard, ne me regardent pas du tout. Celles qui le font montrent une sympathie évidente ou une condamnation froide qui sonne comme un avertissement. Des ados de 13, 14 ans m'ont lancé des regards qui appelaient sur moi toutes les souffrances de l'univers si je les touchais du bout de mon objectif. Les rencontres plus franches avec les femmes se feront plus tard, hors d'Alger, où il reste difficile de discerner ce qui est possible de ce qui dépasse des limites invisibles à mes yeux. Subsistent un paquet de finesses qui m'échappent.

Ces mêmes grappes de mecs sont présentes aussi de l'autre côté de la rue devant le portail du Jardin d'essai. On y vend des cigarettes, Lalla Khedidja la petite bouteille d'eau que l'on retrouve du bord de mer jusqu'en haut des montagnes et partout entre les deux, des petits mémoriaux et des jouets en plastique aux couleurs vives destinés aux meutes d'enfants qui viennent visiter les lieux. Désirant au plus vite me défaire du sujet cartes postales, je guette, mais rien, je n'en vois pas. Derrière le portail, trois hommes attendent que je leur donne un ticket d'entrée. Un ticket d'entrée pour aller dans Le parc d'Alger ? On m'indique la caisse. 150 DA l'entrée pour un adulte. Je les ai, mais les donne à contrecœur, agacé par la tournure que prennent les choses. Alger fait payer aux Algérois l'entrée de son mythique parc, son jardin, leur jardin, 150 énormes DA par adulte où une partie de la population ne peut se payer fruits et viande.

Ce ne sera pas la dernière fois que j'aurai ce sentiment d'un message adressé ici à la jeunesse sans perspective pour lui signifier que *va-t'en si tu veux, nous ne voulons pas de toi non plus*. Une autre fois, le message me sera plus directement adressé, à moi et d'autres, dans un autre lieu. Faites payer les touristes, pas les Algérois, c'est stupide.

Le parc est un défilé de princesses orientales toutes plus belles les unes que les autres. Ici, coups de balai et de râteau, mais au prix de l'entrée c'est imparfait, c'est une propreté honteuse qui se résume au bien-propre-sur-soi, aux oreilles bien dégagées, à un tapis fleuri pour pieds parfumés.

Mais il n'y a personne à qui en vouloir. Je me tranquillise et pars faire quelques images avec mon compagnon 40D qui est d'humeur constante. Encore une bonne raison de voyager seul, sans échanges de commentaires chauds avec quelqu'un qui a de fortes chances d'être du même avis et d'enterrer la suite sous un monceau de certitudes. La balade est une splendeur entrecoupée de vendeurs de mini-Martyrs en plein parc. C'est exquis, mais d'un artificiel à peine croyable. Comme un tout petit tapis sur une immense poussière qui déborde de toutes parts, un jardin d'essai de cacher la vérité. Mais tout cela ne s'est pas fait tout seul, ne s'est pas fait uniquement sous la contrainte ou la pression. Il y a bien dû y avoir un passé avec un avenir possible, un temps pour créer, soigner, aimer, bichonner ce qui appartient à tous. La déambulation dans ce chef-d'œuvre de jardin est comme le reste, douce et scandaleuse. Je me réjouis d'être là, de trouver un banc dans la moiteur sous un palmier après une série de photos de jeunes en demande. On me demande où sont les animaux. Aucune idée, allons chercher ensemble. Et je pars, en famille, à la recherche d'hypothétiques animaux. Aucune indication. J'en profite pour leur demander s'ils ont connaissance d'un endroit dans Alger où acheter des cartes postales, ce qu'ils n'ont pas. Nous trouvons l'entrée superbe du Jardin zoologique avec profil de lion musclé et une nouvelle caisse qui me fait passer l'envie de m'agacer tout seul. Tous ceux qui se sont crevé une veine pour venir en famille dans le parc des Algérois ont fini de saigner devant le Jardin zoologique et les yeux suppliants des enfants pour y aller faire un tour. Je ne vais pas recommencer mon numéro d'indigné, d'autant que l'indignation ce n'est pas mon truc, il y a plus utile à faire. Pour l'instant, je préfère rejoindre la pollution qui semble avoir choisi de rester dans la rue avec les autres. Ah, parasols, tables et frigos, j'ai déjà vu ça. Sans récidiver avec les boissons locales, je me renseigne sur le cas des cartes postales. Rien, ici, au cœur du Jardin d'essai.

Cette histoire de cartes devient un vrai sujet. Je ne trouve aucune image d'Algérie faite par les Algériens. Ont-ils une mauvaise image d'eux-mêmes, sont-ils timides, n'y a-t-il personne à qui se montrer ? Un pays qui détient le record de drapeaux nationaux au kilomètre, qui sait imprimer des affiches de têtes politiques ou religieuses, sait imprimer des cartes postales, c'est certain. Mais celui-ci comme d'autres sujets sont bien futiles, je le comprends. Les Algériens et les Algériennes ont d'autres chats et lions musclés à fouetter pour l'instant. Peut-être, en n'ayant pas la préoccupation de faire d'eux-mêmes une carte postale, évitent-ils de mentir aux autres et mieux, de se mentir à eux-mêmes en attendant de retrouver une fierté qui vienne s'adosser à la dignité dont ils ne manquent pas.

Un tour de métro et retour à Tafourah - La Grande Poste, lèche-vitrines concentré en me dirigeant vers le nord pour repérer une éventuelle carte, une seule. Sur une place un peu plus loin, un cavalier figé sur son cheval a l'air de vouloir foncer droit dans une vitrine de libraire. C'est l'Émir Abdelkader statufié qui me montre la voie. *La librairie du Tiers Monde*, quel beau nom pour une librairie ! J'y vais. Tout est rangé au cordeau, pas de cartes en vue. Je pose la question au libraire qui s'éclaire et me recommande de faire un tour au sous-sol où j'en trouverai de belles, ce qui est le cas. J'en prends 17, discute un peu et pars m'installer au café *La Rotonde*, un thé à la menthe fort sous le nez. La pollution est de niveau industriel, mais l'endroit agréable. Un autre thé. Cette chaleur bruissante, ce peuple en chantier, me rendent infatigable. Demain, je ne sais pas encore comment, j'irai à Tipasa. Un garçon en djellaba rouge me souhaite la bienvenue. Jamais dans ma vie je n'ai dit autant de fois merci en une journée.

Surprise à l'hôtel, je crois qu'ils m'ont donné la meilleure chambre ! Ce lieu est étonnant de calme quand on considère la vie qui règne dans la rue, sur le trottoir même de l'établissement. Les gens sont adorables et tranquilles, autant dedans que dehors. La pause est peuplée de ces paroles, Haraka. Je cherche, Haraka signifie mouvement, le mot trouve immédiatement sa place dans le contexte, partir, bouger, ne pas subir. Cela aurait pu être vrai, aurait pu se limiter à Haraka, au simple mouvement, mais c'était faux et je l'apprendrai le soir même.

Je ressors. Sitôt dehors, ça continue. Je retourne à pied en quête d'un repas direction Grande Poste et y rencontre un jeune serveur de restaurant qui engage la conversation. Lui aussi a cette spontanéité, cette dureté digne et s'adresse sans détour à moi comme le font les autres, comme si j'étais la paire d'oreilles qu'il ne faut pas laisser passer. Il prend sur lui et tous les Algériens la misère dans laquelle ils vivent : « C'est de notre faute, nous sommes mal élevés, nos rues sont sales, on fait n'importe quoi. » Il transpire, bâille, travaille de 7 heures à 22 heures sans repos pour 8 € la journée. Il rêve d'une famille, d'une maison, de voiture, de quitter le cachot qu'est devenu son pays. Il est désespéré et me prépare, tout en parlant, une assiette de méchoui d'agneau ! Je lui demande quelles sont ses perspectives, avec une évidente appréhension de la réponse. Il dit : « Harraga, monsieur, Harraga. L'Europe ». J'ai bien entendu cette fois, il a dit Harraga. Il repart bosser dans la chaleur un peu atténuée ce soir. Si le gouvernement algérien compte faire une immense connerie, il peut se féliciter de faire la plus grande d'entre toutes, il va perdre sa jeunesse.

Une fille voilée de noir, chargée d'un minuscule enfant joyeux qui fait tomber ses pièces, me demande de l'argent. Elle accepte à la place un immense plat de rôti de veau.

Tout cela en une journée, toute cette densité. Je rentre retrouver ma chambre, doucement, je suis fatigué, mais me sens sur les trottoirs d'Alger comme un poisson dans l'eau, qui l'eût cru. Un gosse de 6 ans pédale à contre-sens dans un rond-point entre deux files de voitures folles.

Oui, il y a des femmes dans la rue, seules ou avec des enfants, écrasées par une misère impossible à feindre. Homme, je n'ai croisé qu'un unijambiste qui a l'air de faire partie des meubles.

Juste avant d'arriver, l'espoir de voir ma chambre s'éloigne pour une nouvelle discussion et ma première grande leçon d'arabité, de qui sont les Arabes d'ici et d'ailleurs, et les Kabyles qui ne sont pas des Arabes, tout cela servi en maitre par un Kabyle en personne qui se dit impartial, ce qui nous fait bien rire, bien entendu !

Je ne peux me laisser sombrer dans la nuit sans éclairer le mot Harraga. Les *Harragas* sont ceux qui brûlent, qui brûlent leurs papiers, qui brûlent les lois, qui brûlent les droits de leur visa quand ils en ont un pour ne pas revenir. Les Harragas sont ceux qui font la traversée vers l'Europe à partir du Maroc, d'Algérie, de Tunisie, de Libye aussi et d'ailleurs, ceux qui n'ont plus rien à perdre. Ce sont les corps de Harragas qui flottent plus ou moins près des côtes. Ce sont les Harragas qui se trouvent sur les hauteurs de Briançon, entre autres. Ce sont des jeunes et moins jeunes qui se consument doucement. Comment ne pas penser à Sarah, sur le chemin inverse vers son désert pour trouver le repos d'un burn-out, une autre manière de dire qu'il ne reste que cendres et fumées de sa vie. Que de feu en pleine mer. Que de pertes humaines. Je le verrai partout, Harragas ils ne souhaitent pas l'être, Harragas ils le sont déjà, la décision est prise au fond du cœur de chacun.

Vendredi
9 août

Le vendredi démarre sur une couche de crêpes fines au miel, de crêpes à trous au miel, accompagnées de miel et de miel. Je trouve moyen de changer des euros au cours du jour à 23 000 DA pour 100 €, 9 000 DA de plus qu'à la banque. Je retrouve dehors mon interlocuteur *professeur de Kabylie*, et la discussion reprend. Lui est intarissable, les Arabes en prennent pour leur grade, accusés à demi-mot d'être des casseurs de grèves, d'être ceux qui parlent pendant que les Kabyles agissent, d'être ceux qui ont gardé boutique ouverte quand la Kabylie prenait tous les risques pendant le *Hirak*. La journée commence très fort. *(Chacun voudra bien se donner la peine de se documenter du mieux possible au sujet du Hirak, comme sur d'autres sujets dont je ne peux me faire le savant interprète.)*

Je demande des infos sur Tipasa, comment y aller. L'aventure en bus est vivement déconseillée un vendredi. Les bus ne rouleraient que le matin et poireautent à chaque station, espérant se remplir pour poursuivre la route. Tipasa n'est qu'à 80 petits kilomètres à l'ouest d'Alger, mais risque d'être inatteignable par cette voie aujourd'hui. Au petit déjeuner j'ai mangé autant de crêpes qu'il est possible de manger, hypnotisé par la grande télé qui anime les lieux. Le vendredi, le petit déjeuner se prend à l'image et au son de La Mecque, diffusés en direct. Il faut dire que cette foule qui tourne autour du grand cube noir fait son petit effet à cette heure du jour où les premières gouttes de café cherchent leur chemin dans le touriste. Pff, je n'ai qu'à aller du côté du Bardo, me dis-je, mais sans conviction. Je veux bouger, sortir d'Alger, changer d'horizon pour voir et écouter autre chose. J'appelle un taxi pour me renseigner du prix de la course. 3 000 DA, vendu ! 10 minutes plus tard, un solide gars se présente, on saute dans la Dacia. 80 km avec un taxi qui tient on ne sait comment, ça vaut le détour.

Les panneaux indiquent 80 km/h de limitation, le compteur 130. On croise des cyclistes à l'entrainement, je parle bien de l'autoroute. Le pilote du taxi, il faut bien le qualifier de pilote, m'indique avec la nonchalance locale que c'est normal, que c'est l'Algérie. On se gare aussi sur l'autoroute pour traverser à pied, acheter des fruits et revenir vers sa voiture si entre-temps personne ne l'a défoncée. Le chauffeur est sympathique comme tous ses compatriotes.

J'apprends tout sur Tebboune et son ministère du logement, sur le frère de Bouteflika, Saïd le mafieux, les usines de dessalement d'eau de mer pour irriguer les champs et fournir de l'eau aux interminables séries de logements neufs qui sortent de terre partout. Il m'arrête 15 minutes au spectaculaire tombeau de la Chrétienne où trois hommes délestent le visiteur de quelques Dinars. Il n'y a personne, effet vendredi peut-être. On file à toute allure vers Tipasa.

Je n'ai pas le temps de sortir tout à fait du taxi qu'on souhaite la bienvenue de toutes parts, serre des mains et désire des photos. Plus loin une autre demande de photo d'un homme qui dit être espagnol, qui a plaisir juste à être dans la boite en posant devant son manège fermé. Petites ginguettes restau, manèges pour les plus jeunes, pêcherie, tout cela dans le charmant port où les bateaux, petits ou grands, sont siglés d'une manière ou d'une autre des couleurs nationales. Seul touriste pour l'instant, je regarde la brume marine se lever sur le mont Chenoua. Ça sent le poisson. Je ne peux plus me passer d'entendre l'arabe partout. On bricole sur les bateaux. Des hommes se passent de bras en bras, de bateau en bateau, d'immenses poissons. Les chats sont là, mieux nourris qu'à Alger. La journée commence.

La jetée est un aller-retour qui invite à l'exploration d'un grand terrain ocre aperçu d'en haut, le grand site archéologique romain. La côte est sauvage, le type qui part avec son petit bateau qui fait pouêt-pouêt, comme ça tout seul au loin, est le bienheureux du vendredi matin, pas de doute.

Ce ne sont pas les panneaux et autres indications qui étouffent le paysage pour guider le visiteur vers l'entrée du site. Un figuier abrite trois hommes, une caisse et un carnet de tickets à 150 DA pièce. Le tableau est saisissant, toutes les couleurs sont saturées, le bleu marin et l'ocre brun aux veines noires des roches déchiquetées qui imitent l'écume. Des pêcheurs, chacun avec plus de lignes que de bras. Des enfants jouent dans l'eau. Une famille est installée au milieu des rochers, quasiment les pieds dans l'eau, chaise et parasol au-dessus de madame voilée de la tête aux pieds, le risque de coup de soleil est nul.

Les déchets, oui. Il y en a vraiment beaucoup, c'est une décharge. Il y en a tellement dans ce lieu qui mérite un tout autre traitement que cela m'interroge une nouvelle fois sur l'image qu'ont les Algériens d'eux-mêmes, sur leurs possibilités à se projeter dans l'avenir comme si cette action d'envisager une suite était difficile, voire incongrue. Je me dis tout autant que c'est catastrophique et que ce ne sont pas quelques déchets qui doivent effrayer. Il y un paquet de boulot pour en venir à bout, c'est certain, et la satisfaction du résultat sera énorme. Typiquement, le bon moment pour ne pas trop la ramener avec des y'a-qu'à et des faut-qu'on. Là où je vis, je tombe aussi sur des déchets laissés en pleine nature il y a quelques décennies à peine et aujourd'hui tout va mieux. Cela peut toujours aller mieux. Un jour ici aussi cela ira mieux, mais il faut commencer quelque part et cela finira par arriver. Cela prend du temps, beaucoup de temps et demandera sans doute à mobiliser la jeunesse, encore elle, qui en porte déjà bien lourd.

J'ai fait la photo d'Abderrahmane, un gars en bermuda gris, seul dans les pointes rocheuses coupantes. Il était particulièrement content quand j'ai écrit son prénom en arabe dans mon carnet presque sans fautes, 25% des lettres étaient bonnes et presque au bon endroit ! Ce site de Tipasa ferait le bonheur de tout archéologue amateur ou professionnel. Il donne l'impression d'être vierge de recherches, de protection aussi et laissé à l'abandon en attendant mieux.

La petite ville de Tipasa s'accroche à la pente douce et propose à partir de ce point de vue une composition originale d'*Hôtel Restaurant Glacier* surmonté des deux minarets de la mosquée. Minarets, mosquée, terre d'Islam. Ici, on est un homme ou une femme et ce n'est pas la même affaire. Trois jeunes filles se tiennent silencieuses sur les rochers face à la mer. L'une est assise sur une toute petite chaise en plastique, voile bleu pastel. La seconde debout, voile noir. La troisième adossée à la pierre brune granuleuse. Quel tableau.

Abderrahmane est un pur arabophone. Une fois que j'ai fini d'expliquer que j'ai mal et pas suffisamment étudié l'arabe, il a facilement saisi que je n'y comprends pas grand-chose. Pourtant, l'homme murmure quelques mots alors qu'il sait que je ne les comprends pas, il dit : « Merhaba bik », bienvenue à toi, et ça, je le comprends. C'est la grande classe internationale de l'accueil le cœur sur la main et bien des fois cette scène se répétera. À ce propos, je me souviens d'un Chorta à Alger qui s'est excusé de ne pas mieux parler le français !

À Alger on m'a fait comprendre que si je passais à Tipasa sans manger les crevettes locales, je ne pourrais pas dire avoir été à Tipasa. Bien, j'aime les crevettes. De la mer à l'assiette il n'y a pas loin, alors j'y vais, même si ce n'est pas tout à fait mon dada de me faire bichonner au restaurant. Le serveur du Dauphin m'installe en terrasse. À peine s'est-il éloigné qu'il revient me chercher pour aller voir son stock de poissons et d'en désigner un avec qui faire un bout de chemin sur le temps de midi.

Ils sont tous plus gros les uns que les autres, mais la pomme que je viens d'ajouter à ce qu'il reste de crêpes au miel ne laisse pas assez d'espace pour une bête entière. Loup, saint-pierre, espadon ! Je lui demande si je peux avoir quelques crevettes et me retrouve à nouveau assis équipé de la carte par laquelle on aurait pu commencer. Le monsieur me dit : « Si tu ne manges pas de pain, après les crevettes, tu peux avoir un poisson ». Je regarde la carte et découvre la possibilité d'une demi-portion de crevettes à l'ail et commande ça avec une salade aux piments et un beau pain rond. Tout y est passé. Après mon plat, je suis gras et lustré du sol au plafond et je jure avoir encore aujourd'hui le goût incomparable de ces crevettes en bouche.

La facture, elle, est salée et me rappelle à quel point 150 DA peuvent laisser à la porte d'un parc de nombreuses familles. Ici, c'est pire. 3 550 DA le repas, seul, et ce n'était que la demi-portion. La portion complète coûte à elle seule 2 700 DA. Autant je conçois qu'une banane ne pousse pas dans le pays et que c'est toute une histoire avant qu'elle n'arrive sur un marché local, autant cela saute à la figure que la crevette de midi habitait le matin même à quelques ridicules mètres de la cuisine. Le repas revient à 10% grosso modo d'un salaire mensuel. La terrasse était pleine. Je focalise, comment ne le ferais-je pas, d'autant que ce fameux restaurant n'est pour rien à la situation de son pays. À chacun de se faire son idée.

Le muezzin appelle. Je remonte rue Si Tayeb rejoindre la rue du 1er Novembre, par là le centre de Tipasa. Les hommes convergent vers la mosquée Nour el Islam, tapis de prière sous le bras, j'y vais avec eux. En quête d'un taxi pour le voyage vers Alger je me trouve pris dans ce flot tranquille qui dure un long moment. Avec la très belle expérience faite à Djamaâ El Djazaïr je suis servi pour une vie entière et n'insiste pas ici pour me mêler à la foule et me mets un peu à l'écart dans une rue qui va de la mosquée vers le port. Les tapis s'étendent partout, dehors, sur les trottoirs, partout où il y a une petite place. Là, passe sous mon nez un taxi Dacia gris avec le tapis de prière sur le toit ! Le monsieur se gare le plus mal possible et à ma question de si on peut envisager une balade jusqu'à Alger, il dit : « Salat, la prière ! » et s'en va au pas de course, le monsieur d'un certain âge. Je m'installe tranquillement sur le trottoir à côté du taxi, regarde tanguer un palmier au vent en écoutant la foule d'hommes et l'arrivée, en pointillés, des profonds Allahou Akhbar.

140 km/h, le taxi, bien tapés ! Se dire qu'un monsieur âgé serait plus raisonnable au volant de sa machine est un mauvais calcul. Il s'agit en effet juste d'un pilote plus expérimenté et la conduite

s'en ressent. Il a même une main libre qu'il plaque sur mon bras pour planquer 40D à l'approche des barrages de police. Il y en a à profusion, histoire de faire piler tout le monde sur l'autoroute et repartir à fond juste après la menace de herse toujours prête au sol. Avant l'atterrissage à Alger, visite guidée souriante, et en arabe of course, de Bab El Oued, quelle affaire ! Il me laisse place des Martyrs, de là je n'ai qu'une station vers Ali-Boumendjel. Sans avoir réellement de suite dans les idées, je m'engouffre dans le métro, dérangé par mes propres arrangements avec la vérité.

Cela ne me plait pas beaucoup, cette façon que j'ai de dédramatiser la saleté révoltante du bord de mer à Tipasa. Ici, dans le gros paquet de 4 millions d'habitants, passe encore, je glisse ça dans une vraie fausse évidence, dans des lieux communs, mais la réalité de cette belle côte à ce point souillée provoque un désordre profond en moi et va modifier la saveur du voyage, la débarrasser de toute bienveillance naïve. Pour le dire autrement, arrivé place des Martyrs, je bataille pour digérer la virée qui a pour elle de ne montrer que le vrai, que ce qui est, l'Algérie spontanée sans traficotages mensongers. Peut-être n'ai-je à ce moment besoin que d'un peu de stabilité, de dix minutes de diversion, d'un petit temps calme.

Je rêvasse dans la rame, rate ma station et sors à Tafourah ça me fera une balade. Meilleur médicament contre tous les maux, marcher. Devant la bienfaisante blancheur de la Grande Poste, deux squelettes s'arrêtent devant moi. L'un voilé intégralement de bleu, vêtement qui ne parvient pas à dissimuler une carrure effondrée chez cette fille au visage rond comme la lune dans l'espace laissé libre par le voile, et un pic de petit ventre à peine perceptible. L'autre, coiffé d'un bonnet en lambeaux, d'un maillot de foot de l'équipe dont l'anniversaire a valu à Alger un feu d'artifice un peu anarchique, qui a, d'après ce qui se raconte, failli embraser le très cher Jardin d'essai. Lui, a de profondes crevasses noires à la place des dents, il est couvert de balafres et tout le bonhomme est d'une maigreur absurde. Il dit : « Ma femme est enceinte de trois mois, on est à la rue, je n'ai pas l'argent pour payer le loyer ».

Je lui dis que je ne donne pas d'argent, mais qu'on va manger ensemble s'ils veulent. Il accepte immédiatement, nous partons. Il raconte : « C'est mon deuxième enfant. Le premier est mort *dans ma femme*. On s'est fait poignarder à Oran. Je suis tombé dans le coma. J'ai eu le couteau dans mon cœur (il soulève son maillot, la balafre est affreuse). Ma femme est à moitié folle depuis, elle n'a que moi. On n'a pas de famille, on est tous les deux de l'assistance. Les gens qui m'ont élevé m'ont foutu dehors quand je me suis marié avec elle parce qu'elle est divorcée. En Algérie une femme divorcée, c'est comme une pute. J'étais deux ans au Vieux Port à Marseille, puis à Perpignan, clandestin, et refoulé ici. Si je trouve un canot avec un moteur de 40 je pars avec ma femme et s'il faut mourir on meurt. Je m'appelle Younes et elle c'est Amina ».

Je lui ai dit qu'on allait où il voudrait. On file, il a l'air de savoir exactement où aller. Le vendredi beaucoup d'endroits sont fermés. Il m'emmène à l'endroit le moins cher du quartier pour que cela ne me coûte pas trop, commande une assiette d'abats de volaille. Elle pique dans son assiette. Je lui dis « Mangez, c'est maintenant la pause ». Elle commande une grande assiette et une cuisse de poulet. Tout s'en va comme en un éclair. Il me demande s'ils peuvent demander une bouteille de Schweppes. Lui termine ses abats et vide les trois quarts d'un immense panier de pain. Il reprend : « J'ai un cancer du foie. Tu es musulman ? » Je réponds non, je suis athée. Il dit : « Je vais pleurer, c'est un athée français qui m'invite à manger quand je suis sur le point de tomber. C'est Allah qui t'envoie ». Je lui jure qu'un jour c'est lui qui invitera quelqu'un qui a faim. Inch'Allah, est sa réponse. Ils ont une petite vingtaine, en quête d'argent pour payer le loyer d'une chambre dans leur quartier populaire à Blida, à 1 heure de route plus au sud, et dormir. Ils se sont déplacés jusqu'à leur capitale en quête d'argent mais également de soins, en vain. Il lui manque 15 000 DA pour payer. Il a un contact de passeur pour aller en France, par la mer via l'Espagne. Il me dit que c'est le moins cher parce qu'il est déjà passé, 1 000 € par personne, à Oran, un bateau de Syrien. Je repense encore à Sarah…

Je m'arrête échanger un mot avec un employé qui fait une pause devant l'établissement dans lequel il travaille depuis quelques années. Il m'avait bien aidé pour trouver mon chemin, je le salue. Mais saluer un Algérien ne se fait pas en deux minutes et la conversation s'engage sur ce qui vient de se produire avec ces deux jeunes. Il confirme qu'il n'y a aucune aide sociale organisée et digne de ce nom à Alger. Pas de Croissant-Rouge non plus, un coup oui, un coup non, on ne sait jamais où les trouver. Il explique qu'aucun restaurant ne refuse de donner à manger à ceux qui ont faim. Ce sont eux qui s'occupent vraiment des pauvres. Le restau à côté de nous a, d'après lui qui vit ici, une quinzaine de clients par jour qui ne paient pas. Je m'intéresse à lui. Il est célibataire, et dit : « Il n'y a plus de mariages à Alger, c'est trop cher. Les jeunes restent célibataires. Je travaille entre 8 et 12 heures par jour, tous les jours, pour 40 000 DA. Si tu es célibataire, ça va, tu manges, tu dors, c'est tout, tu payes ton loyer environ 15 000 DA à 20 000 DA. Avec une femme et des enfants, c'est impossible de s'en sortir correctement ». Je pense au premier chauffeur de taxi ce matin. Bientôt 50 ans, de jeunes enfants, seul à travailler avec une voiture pourrie interdite de pannes et un paquet de bouches à nourrir. L'homme avec qui j'échange dit que les passeurs avec les petits bateaux sont des Syriens, des fous, ajoute-t-il, qui envoient les gens à la mort. Il m'encourage à écrire tout ce que je vois et entends, la vérité que l'Algérie ne dit pas, non pas parce qu'elle n'a rien à dire, mais parce qu'elle n'a personne à qui le dire, parce qu'elle est étouffée par un plafond de verre qui ne lui permet pas de se tenir debout. Une Algérie qui voit toutes ses ambitions, même les plus modestes, partir en fumée. J'aimerais lui promettre qu'un petit Français puisse raconter, mais j'ai mon lot de doutes aussi sur qui voudrait bien entendre leur histoire. Je lui dis que je ferai de mon mieux. Lui est prêt à parler, dit-il avant d'ajouter, beaucoup sont prêts à parler ! Je le reverrai.

J'écris appuyé sur la rambarde qui surplombe la gare. Un peu de fierté à cet instant, car en trois jours j'ai appris à traverser comme les Algérois ! Traverser un boulevard est un sport, le piéton, une cible. Le boulevard Zighoud Youssef devait être un moment au milieu de tous, mais en plus civil, c'est-à-dire sans cette espèce de pot de miel qu'est mon boitier photo laissé dans le fond du sac. À peine j'ai gratté quelques lignes que je suis abordé par une femme et un homme. Cette fois, la discussion déambulée sur Zighoud Youssef durera une heure.

Ils m'ont vu prendre des notes, je suis donc au mieux écrivain, au pire journaliste étranger peu discret, et dans ce dernier cas mes heures de tranquillité seraient comptées. Une fois que madame comprend que je ne suis pas musulman et, pire, que je suis sans autre Dieu, une belle tentative d'intercession en ma faveur s'opère dans un mélange suave d'arabe, de gestuelle de femme de caractère de Batna, d'éclats de rire parce que je me montre peu obéissant. Un bon moment, mais cette femme est sérieuse, plus convaincue que convaincante. Je lui demande si elle fait souvent des tentatives de conversion à l'Islam dans la rue avec des inconnus. Elle affirme que c'est la moindre des choses et que même moi, un peu résistant pour l'instant, je finirai par me convertir et devenir un bon musulman, ce n'est qu'une affaire de temps. Elle m'apprend que la France sera musulmane tout entière dans les dix prochaines années, que tout est prêt. Je passe le plus clair de mon temps à l'écouter m'expliquer des finesses théologiques d'un peu toutes les confessions, quitte à ce qu'elle se mélange un peu les pinceaux. Mais quelqu'un qui a d'aussi grandes ambitions que les siennes ne peut être parfait. Je lui dis d'ailleurs, et cela nous fait bien rire, que je lui accorde mon pardon pour toutes les bêtises qu'elle peut raconter. Ce fut une déambulation instructive, de liturgie un peu bancale et tirée par la barbichette, mais derrière elle, bel instrument sympathique qu'elle est, il y a des spécimens assez peu rigolos, pas joueurs du tout. Nous rejoignent une fille d'une dizaine d'années et deux garçons plus jeunes. Je demande à la femme si ce sont ses enfants, elle répond que non, qu'ils pensent que nous sommes un couple, ils veulent nous vendre ça. Le « ça » est une robe pour fillette. La mine déçue de la petite nous a tous fait taire. Les enfants ne mendient pas, ils font commerce de tout et de rien, surtout de rien. Des choses plus sérieuses que nos palabres ont lieu ici sur ce boulevard.

Ma tête est aussi pleine que mon ventre est vide. Je tourne dans le quartier qui n'en finit pas de bouger et m'effondre sur une chaise à la pizzeria Zarour. La vue d'ici, la nuit tombée… Je repense à une conversation avec un Kabyle. Il est en colère, l'air calme, mais en colère. En colère contre les Arabes au comportement égoïste, contre l'absence d'instruction qui rend le peuple terne, sans élan, incapable même à la révolte et qui finalement, comme il le dit « donne au peuple les dirigeants qu'il mérite ». Lui veut partir, aussi. Je crois d'ailleurs, en l'écoutant, que dans sa tête il n'est déjà plus là. Il rêve d'Europe, comme les autres, de France, parle de Suisse. Lui veut sortir en donnant au moins l'impression d'être intelligent, ce sont ses mots, et non d'être grégaire comme ceux qui se jettent à la mer.

Tous ces échanges sont durs.
Harraga, c'est ici et maintenant.

Demain, départ pour Béjaïa.

Samedi
10 août

4 h 30 le matin, appel à la prière… j'en profite pour charger les batteries de 40D qui veut bien jouer en toute circonstance. À cette heure les pensées se baladent en file indienne dans ma tête. On m'indique amicalement que de ne pas aller à Tizi Ouzou, alors que j'allais passer dans son ombre, ne pouvait qu'à peine s'envisager. Je crois que je vais faire ça, remplacer la virée vers Constantine et Sétif par une durée prolongée en Kabylie. De toute manière, tout le monde me saute dessus, les Kabyles aux sourires larges comme la mer, pour me dire et me répéter qu'à Constantine comme à Sétif il fait beaucoup trop chaud et que je n'y ferai rien du tout. Je veux aussi me garder du temps pour flâner un peu en terre connue, Alger, et trouver en toute tranquillité des cadeaux pour mes proches, juste avant de partir. Je n'y suis pas encore. Pour l'instant, il s'agit de voir comment ça se passe pour arriver à Bejaïa, ensuite je verrai. Prendre le thé avec les Kabyles ne peut pas être une erreur, de plus, ils me sont déjà amicaux.

J'ai la matinée devant moi pour dénicher un nouveau carnet et un moyen de me rendre à Notre-

Dame d'Afrique. J'ai largement le temps de jouer un peu les touristes avant l'heure du train. J'y ferai, à Notre-Dame, un peu le croyant qui a besoin de pardon d'avoir été faible, car j'ai été faible sans aucun doute à ma manière. Je leur demanderai, à la Sainte Vierge, à Allah et tous les autres qui ont du pain sur la planche avec leur création, de mettre un peu le turbo. Chacun son boulot. Moi, je vais redormir une heure.

En guise de douceur au petit déjeuner, j'ai droit à une discussion avec une dame qui dit être une vraie Arabe de Mostaganem, habitante du Havre, qui a ses idées sur ce qu'est un bon mari musulman qui doit être viril et ne pas hésiter à rejeter une femme divorcée. Le reste va bien, les crêpes sont bonnes. Je papote météo. 42 °C attendus à Tizi. Sacrés Kabyles !

Je suis à l'ouverture à la poste d'Alger, pas la grande, celle d'où je peux envoyer mes 17 cartes. La chaleur est déjà excessive. Je n'ai fait que quelques centaines de mètres avec mon bazar sur le dos et la journée s'annonce déjà longue. Lorsque j'ai une chambre pour le soir, je me balade avec un sac à dos petit format, mais pour un départ de quelques jours, c'est le gros qui refait surface avec la gueule de routard paumé qu'il procure à son propriétaire. Avant de pouvoir coller les timbres, je suis recruté par un client malin qui d'abord me demande de lui prêter mon stylo avant de me le tendre pour que je remplisse un formulaire à sa place. Un retrait de 40 000 DA, à remplir à partir d'infos désordonnées sur son téléphone portable. On y arrive, on y arrive. C'est un très gros retrait !

Un tour par le marché pour le stock de fruits et on fonce en taxi dans la montée spectaculaire vers Notre-Dame d'Afrique, la sœur jumelle de la Bonne Mère marseillaise. Une église, certes, mais flanquée de deux minarets fort jolis. L'air est frais, je suis abordé par une danseuse derviche, qui nourrit les chats catholiques du quartier à coup de *Vache qui rit* en jetant les papiers par terre, qui souhaite une photo d'elle bras levés, puis en dansant, puis une vidéo avec la mer en fond, puis une vidéo sur fond de Notre-Dame. Pendant la dernière vidéo, cette dame qui a décidément de drôles de façons de se tenir devant une église (est-ce que je fais des roulades devant la mosquée) tournait tellement vite que j'ai cru qu'elle allait ou s'envoler ou prendre une sainte gamelle. Son téléphone, qui filmait, a fini par fermer les yeux aussi pour je ne sais quelle raison, mais je l'ai laissée tituber encore un peu. J'étais content, elle était contente, tout était formidable. Une nouvelle série de photos avec une charmante jeune petite famille d'Annemasse qui loge au Sofitel d'Alger pour 100 € la nuit. Je comprends que le papytortue avec son gros sac, qui ne sait pas où il dormira ce soir, puisse avoir l'air un peu cocasse, et enfin l'ouverture de la Bonne Mère algéroise.

On ne peut pas rater dès l'entrée l'immense phrase inscrite dans le chœur : *Notre-Dame d'Afrique, priez pour nous et pour tous les musulmans.* J'ai le réflexe de me dire que je connais une brochette de curés qui feraient bien de venir s'user un peu les genoux ici. Installé, admiratif des lieux et au frais, le temps file et il faut déjà envisager la descente pour grignoter un petit quelque chose de léger avant le prochain voyage vers l'est.

Une guérite en béton posée sous un arbre sert d'abri à deux fonctionnaires en charge de la sécurité des lieux et des visiteurs. Il n'y a pas endroit plus calme et bucolique à Alger. Je vais à la rencontre de celui qui profite de l'ombre pour savoir où se trouvent les prochaines toilettes. Il indique un endroit tout proche et s'excuse que celles-ci sont en panne. Pas grave, lui dis-je en m'éloignant. Intrigué, je retourne le voir et demande : « Mais vous, qui êtes ici toute la journée, tout gendarme que vous êtes, vous faites comment ? » L'homme en uniforme répond : « Moi ? Je vais à l'ambassade ! » J'ai cru qu'il se foutait de moi. Il pointe son doigt sur un bâtiment de l'autre côté de la rue : « Oui, l'ambassade du Vatican ». Effectivement, voilà l'ambassade du

Vatican. J'ai probablement devant moi le seul gendarme d'Afrique à avoir droit aux toilettes du Saint-Siège !

Il faut redescendre dans la fournaise. Le taxi est partagé avec la chouette petite famille et c'est sur la banquette arrière en cuir, le bras en guise de ceinture autour des épaules d'un garçon de presque 2 ans, que j'écoute le chauffeur raconter la visite de Jacques Chirac sur son lieu de naissance, « juste là », dit-il. Jacques Chirac est né à Bab El Oued ?! J'ai vérifié depuis, il est aussi né à Paris, à Tunis, en Espagne et au Maroc. Sacré Jacques !

Je descends au carrefour d'Agha. Je balade mon appétit croissant dans une rue au-dessus et entends un éclatant : « Tu es Français, mon ami ? Entre mon frère, entre, installe-toi ». Vous avez faim en Algérie, c'est l'endroit où manger qui vous trouve. L'accueil est chaud comme l'air, mais Lalla Khedidja n'est jamais loin. La brochette légère se transforme en plat pour deux avec un immense pain galette rond et fantastique. Je demande à une dame comment ce pain est fait, lorsqu'elle me dit avec de la farine je me souviens avoir fait serment de ne pas poser de questions stupides durant mon séjour.

Agha, la gare. La chaleur est intolérable. Le hall est plein à craquer de gens qui patientent, l'ambiance est calme et les files de clients devant les guichets ne diminuent pas. Je range le billet pour Béjaïa dans ma poche au moment où s'effondre au sol un très grand jeune homme, terrassé par une crise d'asthme. Tout le monde appelle, crie Pumpa, Pumpa, qui a une Pumpa. Arrive un homme avec sa Pumpa de Ventoline. Il fait trop chaud et, dans cet endroit où ne vient aucune brise, la pollution est encore accentuée.

Encore une heure d'attente, je pars patienter sur le quai qui ne tarde pas à se remplir de voyageurs en partance pour Oran. Une ambiance bizarre s'installe. Des parents sont dépassés par les jeux débiles de leurs garçons qui sautent du quai sur les voies jusqu'à ce que le premier prenne une tarte qui ne sert pas de leçon au second. Il y a sur ce quai une fréquentation notable de personnes atteintes de maux divers et variés. Une certaine tension règne dans les dernières minutes avant l'arrivée de leur train et cette impression est nouvelle. Un garçon d'environ 2 ans, incapable de marcher, dodeline de la tête, boit à la bouteille que son père lui tend. Le grand asthmatique est là aussi, souffrant, prêt à exploser. Une femme aux immenses lunettes est là avec ses quatre filles toutes équipées des mêmes lunettes épaisses. Un vieux couple attend, l'air de mauvais poil, pieds nus. Sur le quai en face, un homme renverse son chargement de cartons de Lalla Khedidja quand arrivent deux jeunes gars avec les mêmes petites bouteilles, mais fraiches, à vendre. Ils passent de quai en quai, demandent 40 DA pour la petite bouteille. Le train arrive. Je suis assis par terre et pris d'un frisson lorsque la foule s'ébranle dans une bousculade inamicale pour s'engouffrer dans le train sale. Je ne peux expliquer pourquoi, mais cet instant fait partie de ceux qui vont rester gravés. J'espérais ne pas être mangé à cette sauce et, peut-être le temps d'assimiler un peu la situation et pour faire écran à la réalité, je sors 40D qui sert aussi de doudou dans ces cas.

Béjaïa est annoncée dans 5 heures, sauf panne ou imprévu prévisible. Bonne place dans le sens de la marche, avec table pour 4. Extra, on dirait une première classe. Vu qu'il n'y a pas de classe et que l'autorail loge tout le monde à la même enseigne, j'ai vite fait de décréter que nous sommes tous en première, c'est rigolo et excellent pour le moral. Les abords de la voie attirent encore plus qu'ailleurs déchets de toutes natures, par tonnes cette fois. Longeant une route importante, la vue est dégagée sur les occupants des véhicules qui se débarrassent, en marche et en visant juste, de leurs sacs poubelles.

Le regard butte sur un demi-centimètre de crasse sur la vitre. Le trajet nous conduira par le sud du massif du Djurdjura, par Bouira, pour remonter nord-est jusqu'à Béjaïa que chacun vend comme la Côte d'Azur algérienne. Vers Bouira, 44 °C, mais avec une clim efficace dans le train. Un orage éclate, livré avec sa pluie torrentielle qui finit de boucher la vue. Il flotte tellement que le wagon est inondé. Le paysage, qui se limitait jusqu'ici à des collections de cactus et des décharges incendiées, se transforme à présent en marbrure chocolat vanille sous l'effet de la pluie. En toile de fond, les crêtes sérieuses du Djurdjura. De vrais grands champs plats succèdent aux oliviers obèses. Les cigognes ont l'air plus grandes qu'ailleurs. Des trainées jaunes noires descendent du toit de ce qui est devenu un sous-marin percé, lancé dans la campagne algérienne. La dame de l'autre côté du couloir, qui refuse de voir ses petites sandales ruinées, conserve les pieds à 10 centimètres du sol où pourraient s'élever sardines et crevettes. Côté sud-sud-est, de grands pains de sucre bordent la plaine agricole. Les oliviers sont de plus en plus grands. On fait du téléphérique à Alger, on va en sous-marin à Béjaïa. L'Algérie tient même les promesses qu'elle n'a pas faites !

L'autorail mono-classe papote, discute, dispute, raconte, un café du commerce roulant. Personne ne porte le thé, mais toujours Lalla Khedidja. Petit 25 °C moite. Nous sommes dépassés par un scooter sur route détrempée. Ici aussi les immeubles Tebboune se succèdent. Alger doit paraitre bien loin ici. Alger parait déjà si loin. Passage rapide devant un cadavre de train déraillé en contrebas de la voie. Je ne sais pas si nous sommes dans le bon, mais nous n'étions pas dans le mauvais !

À une demi-heure de l'arrivée prévue, tout amateur de panoramas, même les pieds mouillés, est comblé. Avec une heure de retard, nous arrivons en gare de Béni Mansour, il reste environ une centaine de kilomètres. Il se passe alors une chose des plus étonnantes. Le train prend de la vitesse, en marche arrière ! Nous fonçons en sens inverse, direction Alger.

J'en profite pour rejouer la chanson enregistrée avec la complicité de ma jeune amie Myriam (et avec l'accord souriant de sa mère) assise juste en face de moi qui se trouve être une excellente et infatigable partenaire de grimaces et autres jeux. Nouvel arrêt, re-départ en marche arrière. Le bruit court que le train serait plein de mauvaises langues, car nous naviguons bien dans la bonne direction, mais dans l'autre sens. Un homme passe dans le couloir avec une théière, parfaitement vide. La grand-mère de Myriam paye sa tournée de sachet de cacahuètes. Depuis la gare Agha, le voyage est partagé avec, à ma droite, une jeune femme charmante et drôle, enceinte de son sixième, en face la petite Myriam déjà présentée et sa grand-mère sur le siège restant. La mamie vit en Algérie, parle peu le français, aimerait me convertir avant Béjaïa, est drôle comme tout quand elle tapote le derrière du petit dernier qui campe sur ses genoux. La jeune maman, son mari et les 5 petits arrivent de région parisienne. Ils avaient d'ailleurs fait un essai d'installation en Algérie et cela a beaucoup plu aux enfants, avant de repartir en France pour des raisons que j'ignore. La jeune maman, en pleine forme dans son sixième mois, me parle des difficultés rencontrées dans le système de soins algérien, particulièrement pour sa maman qui souffre d'arthrose. Elle, la grand-mère, ne vit que de peu de choses, si ce n'est de rien une fois les charges payées. Elle peut bénéficier de médicaments gratuits en pharmacie, mais en nombre limité et doit prendre à sa charge les médicaments supplémentaires. Autant dire, raconte sa fille, qu'elle ne se soigne pas, c'est trop cher.

« À la campagne, tomber malade est interdit. Va visiter un hôpital, me dit-elle, tu trouveras dans une maternité plusieurs femmes par lit. Si tu t'effondres loin de la ville, tu peux appeler des secours, personne ne décrochera. » J'écoute les histoires qui s'enchainent, des jeunes, des vieux qui vivent ici. Avec Myriam on fait un petit jeu qui consiste à se faire deviner des mots arabes, je suis perdant d'avance, mais fier parce qu'elle ne connaissait pas *moustachfa*, hôpital. J'espère qu'elle n'en aura pas besoin, ni ici ni ailleurs.

Par la fenêtre de plus en plus sale, la région devient franchement agricole, presque verte. 250 ou 300 kilomètres en train sont un saut de puce, l'occasion ici de se souvenir qu'il s'agit du plus grand pays d'Afrique, du dixième plus grand pays du monde, quatre fois grand comme la France. Le paysage comme le temps se sont écoulés en discussions avec cette belle famille qui m'apprend tout ce qu'elle peut sur l'Algérie, sous toutes les coutures. Et on fait l'éloge du grand peuple qui vit et galère ici, qui mérite mieux et blabla et blabla, en somme on bavarde, s'amuse et bavarde encore. Et la mamie qui taloche numéro 5, encore beau poupon tout rond qui rebondit.

Puis, dans la nuit bien installée, avec une petite heure et demie de bonus pour jouer à mille trucs, Béjaïa. Myriam me dit avant la gare : « Peut-être on se reverra ».

Je quitte le train, fais quelques pas sur le quai où un homme s'approche, me prend le bras, il dit : « Monsieur, ma femme voudrait vous faire un cadeau ». Derrière lui apparait une gentille jeune dame gênée. C'est la femme qui voyageait seule, les pieds en l'air, de l'autre côté du couloir, qui nous écoutait discuter et chahuter des heures durant. Elle s'avance vers moi, me tend un grand pot en verre. Elle dit : « Mon mari est d'accord, je lui en ai parlé. Tenez, c'est pour vous. C'est de la confiture de fraise que j'ai faite moi-même pour mon mari. C'est pour vous ». Elle me donne le pot. Je demande : « Madame, mais pourquoi ? » Elle dit : « Parce que vous aimez l'Algérie ». Et les voilà volatilisés.

Ce sont des scènes comme celle-ci, répétées à l'envi, qui caractérisent l'Algérie. Cette femme donne à l'inconnu, à l'étranger, ce qu'elle a confectionné avec amour pour son plus proche, qui la suit de tout cœur dans son élan ! Vous êtes si nombreux à vous être fait une place au fond de moi, mais vous, madame, vous et votre pot de confiture à la fraise, vous êtes inoubliables et votre geste gravé en moi au plus profond.

Je dois trouver une chambre. Il est déjà tard. Je m'adresse à un taxi qui m'indique quelle rue prendre. Je remercie, m'en vais quand il me retrouve en courant et dit que je peux dormir chez ses amis si je ne trouve pas de chambre. Il me donne son numéro. Avec mon pot de confiture, que je ne quitterai plus, je monte la rue, aperçois l'hôtel Le Bon Accueil, entre et trouve Monsieur Haroun qui dit « oui, j'ai une chambre ». Il prend mes papiers, et pendant qu'il remplit la petite fiche de police, me raconte le service militaire de son père effectué en Allemagne. Le père nous regarde dans son cadre juste au-dessus. 3 200 DA la nuit. Merci, monsieur Haroun. Mon cœur est tellement plein que je ne vais pas sortir manger ce soir.

On m'a demandé à maintes reprises si je faisais comme le célèbre monsieur à la chemise rouge qui parcourt le monde et cherche à dormir *chez vous*. Si je le connais. Quels sont mes Facebook et YouTube pour voir les vidéos. Pour quelle chaine je travaille et tout ce genre de questions très, très nombreuses. Monsieur de Maximy est journaliste et animateur depuis très longtemps, c'est son métier, pas le mien. Visiblement, il est très connu en Algérie suite à sa visite, connu et apprécié. Je ne peux que le féliciter pour tout cela et lui souhaiter de poursuivre encore ce qu'il aime le plus, aller à la rencontre, avec son talent et sa personnalité.

Pour ma part, je n'ai pas le sentiment de faire grand-chose si ce n'est écouter, échanger, laisser se créer un espace privilégié pour un temps et voir s'y épanouir une discussion et une découverte mutuelle. Je me réserve toujours le droit de décliner une invitation, même dans le pays qui ne doit pas être loin de détenir le record d'hospitalité. C'est une histoire de tempérament aussi, sans doute. Pour dire tout à fait mon sentiment, je ne me vois pas faire usage de la générosité de l'autre. Cela peut paraitre étrange, j'en conviens. Il me parait tout aussi étrange de faire de la question d'aller *chez l'habitant* une évidence, ou presque. Je n'arrive pas à m'y faire. Est-ce qu'un Algérien qui partirait en France se dirait une seule seconde qu'il y dormirait chez l'habitant ? Ça parait bizarre de le dire comme ça, non ? Comme quoi, chacun son talent et sa manière d'être aux autres et au monde. Je recevrais tout aussi bien Monsieur de Maximy chez moi, mais sans tout son bazar qui l'attendrait dehors jusqu'au lendemain.

Le sentiment m'habite que les Algériennes et les Algériens sont des gens à qui on n'a pas dit depuis trop longtemps à quel point ils ont de la valeur. Tous les moyens sont donc bons pour le rappeler, pour le leur dire et le faire savoir aux autres.

Je repense une nouvelle fois à Sarah, « en Algérie tout va doucement ».

Un homme dans le train s'interrogeait sur ce qu'il fallait pour aider ce pays. « Faut-il une aide d'autres nations ? Même un tout petit appui serait déjà bien. Le gouvernement doit ouvrir lui-même le pays avant qu'il n'éclate. Nous avons besoin des autres et sommes trop seuls. Si l'Algérie ouvre ses frontières ce soir, le pays sera vide demain matin. » Algérie, dernier bouchon avant éclatement du continent ? Qui a la réponse ? Sait-on que c'est à ce point ardent, à 800 kilomètres de Marseille ? Encore Harraga. Petit bateau noir à 4 000 € ou 8 000 €, Oran, Espagne ou pas. Mais combien sont-ils réellement ? Que se passe-t-il au-delà du désert ?

Dimanche
11 août

J'écris dans mon lit, à Béjaïa, il est 4 h 20, nous sommes déjà le jour suivant. L'appel résonne depuis 4 heures, les journées sont longues en terre d'Islam. Je dirai tout à l'heure à Haroun que je reste encore une nuit au Bon Accueil. Je n'arrive pas à dormir avec la clim. Je l'allume 10 ou 15 minutes toutes les deux heures. À 20 heures il fait encore 30 °C. Peut-être irai-je à Sétif, va savoir. Déjà l'envie pointe d'aller à la mer, ce que je ne ferais jamais pour me baigner à Alger, hors de question. Puis gravir un peu ces collines aperçues hier. Cap Carbon ? Dis, monsieur Haroun, pourquoi tu ne fais pas les petits déjeuners ?

Très tôt, je suis à la cafétéria de la gare. Ça chauffe, tôt et fort à la cafète. Les bus passent juste devant la porte. Le gars qui presse les cafés sur la Conti se fait piller son stock de pâtisseries et presse et presse. Non seulement il ne peut rien faire d'autre pendant qu'il a un bras occupé à maltraiter ce levier, mais cela demande force, endurance et méthode pour tenir le coup toute la journée. Mais quel délice encore une fois ce café. J'ai faim et me jette aussi sur les pâtisseries. Des cafés, j'en bois trois, deux de trop, les pâtisseries grasses, je ne les compte pas, je démarre la journée sucré et caféiné jusqu'au plafond. En une demi-heure de temps les températures intérieures et extérieures se sont équilibrées, elle est aussi élevée sur le trottoir que devant la Conti, élevée, et gazeuse. On a oublié ce que c'est, une vie sans filtres à particules et autres trucs catalytiques. Je me retourne encore vers le gars qui presse, les bras en l'air, qui dit : « Il va faire très, très chaud ».

Depuis que je suis monté sur le bateau à Marseille, j'ai autour de la taille une petite sacoche archi-pratique, attachée par une ceinture et un mousqueton fixé au passant. Cette chose contient tout ce qu'il y a de plus précieux, passeport, une bonne partie de la monnaie et des billets (même si j'ai peu d'argent avec moi, une fois changé en dinars le volume n'a plus rien à voir), billet retour du ferry, d'autres papiers, quelques stylos et des petits carnets comme celui que j'ai sous les yeux à l'instant. On ne se rend pas compte à quel point c'est formidable d'avoir carnet et stylo sous la main avec une telle facilité, dans toutes les situations. L'écriture, la prise de notes quelquefois, est constante pour ne pas en perdre une miette, pour ne pas être en situation de dénaturer des propos ou des situations par défaut de mémoire, pour ne pas avoir le temps de noyer la réalité de l'instant sous une couche d'opinion. Tout cela fait que, plus tard, la rédaction du récit sera facile, ne demandera pas à réfléchir outre mesure que de laisser s'éveiller le souvenir encore frais de quelques semaines, avec le recul nécessaire pour laisser émerger une trame naturelle. Tout s'est ainsi déroulé, carnet dedans, carnet dehors, toute la journée, jusqu'à Béjaïa où la prochaine note dit : *je reprends l'écriture alors que je me trouve à T.*

Lundi

12 août

Je reprends l'écriture alors que je me trouve à T. Tigzirt, 150 km environ plus à l'ouest de Béjaïa, sur la côte. Hier, de retour à l'hôtel vers 16 heures, j'ai eu besoin de couper avec tout, la rue, la bouffe de rue innommable, les poubelles partout, les bruits et les odeurs, les histoires de misère et un début d'insolation un peu limite. Insolation laissée en souvenir de l'ascension pourtant matinale et qui ne mobilise que très peu d'efforts au Parc national de Gouraya.

Je reprends le récit, ici au calme, à ce qu'il faut appeler *le petit déjeuner avec les deux cafés de trop* à Bougie, la bien-nommée, c'est l'ancien nom de Béjaïa. J'attaque la montée par la ville pour m'orienter vers le fort de Gouraya d'où la vue sur le golfe promet d'être extra et d'où je pourrai rejoindre le pic des Singes, un peu plus loin. La courte nuit n'a pas été excellente, je m'en accommode et vais un peu plus doucement que d'habitude, le temps de me réveiller complètement. Je tire vers l'Hôtel du Nord et la petite gare routière, boulevard Colonel Amirouche. La rue est bordée de bijouteries, les unes à côté des autres, ce qui rend le contraste avec le dépotoir continu qu'est le bord de route encore plus insupportable. C'est clair, la ville kabyle n'est pas plus propre, pas moins sale, comme on voudra, qu'Alger. Arabes, Kabyles : 1-1.

Un chauffeur de bus aux traits tirés me regarde comme si j'étais un extra-terrestre et me dit de continuer, de trouver un clandestin un peu plus haut. La place El Moudjahed, avec sa grande fontaine ne compte aucun taxi, c'est pourtant ici que cela doit se passer. Seule la police s'active, qui surveille je ne sais quoi. Je m'adresse au Chorta qui se balade sur le trottoir, il dit : « Un taxi, mais il n'y a que ça ici. Tu tapes à la vitre de la voiture, tu demandes, les gens, c'est leur travail, c'est tous des clandestins, allez ! » Je m'exécute et trouve un homme qui roule on ne peut plus pépère dans la montée de Gouraya pour 800 DA. Après le petit interrogatoire pour savoir à quel illuminé il a affaire, il parle de sa nostalgie française. Il raconte aussi qu'il ne peut pas voir en peinture ces connards, son mot préféré, de la Chorta, Police qui n'est que corruption. Il décrit sa scolarité arrêtée après la maternelle, qu'il n'a jamais appris l'arabe et qu'il ne laissera jamais un Chorta le faire signer n'importe quel papier en arabe alors qu'il n'y comprend rien. Il parle de ceux qu'il appelle les traitres, Zemmour et Darmanin, et rêve du retour d'un dictateur raisonnable comme Houari Boumédiène. C'est donc surcaféiné, croulant déjà sous la chaleur dans le taxi sans avoir marché un pas, équipé de la notion nouvelle de dictateur raisonnable et désiré, que je quitte l'homme au pied de la balade du fort.

Immédiatement m'interpelle un gars sympa qui me fait visiter son stand de sandwichs, sa rôtisserie qui tourne à fond et réchauffe encore un peu plus l'Algérie ce matin. Il me dit être revenu de Marseille et être content de sa condition, propriétaire de son stand et d'un petit bateau.

Pour la première fois depuis mon arrivée en Algérie, je pense au temps presque insignifiant qui sépare le monde d'aujourd'hui de celui de la guerre civile, officiellement terminée en 2002, il n'y a que vingt-deux ans, une génération pour le dire vite. C'est peut-être le discours douloureux du Monsieur Taxi qui m'y fait penser. Alors, je revois les visages de celles et ceux croisés jusqu'ici et je les imagine avec vingt ou trente ans de moins. Si cela m'enseigne quelque chose, c'est qu'il y a là un trou noir qui m'est inaccessible. Mais j'en tiens compte, en faisant gaffe de ne pas en faire un filtre à travers lequel voir tout le reste. Et tous ces jeunes d'aujourd'hui, baby-boom d'après guerre civile ? C'est l'occasion de remarquer aussi qu'aucun échange ne porte jamais sur cette période précisément nommée, comme le mot colonisation n'est jamais prononcé. Tout le poids, toute l'attention sont portés sur l'immédiat, plus pressants que tout le reste.

Le fort, quelque chose comme 150 mètres plus haut, est fermé pour travaux après un séisme récent.

C'est lassant, tous ces déchets, jusqu'en haut de la crête. Je collerais 1 000 DA d'amende pour chaque petite bouteille qui atterrit ailleurs que dans une poubelle ! Mais une fois que j'ai dit ça, reste à se confronter à la réalité, ce n'est pas si simple et qu'une multitude de conditions doivent passer au vert, et que cela prend du temps. Mais je le dis quand même, et pour le prix de l'amende, en plus, tu peux ramasser deux autres bouteilles ! Heureusement pour ma crédibilité j'ai fait étalage de ma volonté de laisser opinions, émotions et sentiments de côté. Tant pis pour cette fois.

600 mètres de hauteur séparent le fort de la mer, de la côte magistrale qui s'étire à perte de vue. Le fort fermé, il reste possible de le contourner au nord en évitant les barrières de chantier, passer sous les gros murs et, arrivé aux antennes qui pointent en tous sens, avoir droit à la vue sur Béjaïa. Je ne sais plus très bien quoi penser. Est-ce l'effet de l'insolation naissante, chopée dans la montée, de la

fatigue qui l'accompagne, je ne peux le dire autrement, cette vue est une catastrophe.

Je ne vois que les dépôts, l'aéroport et la pauvre montagne arasée où sont plantées, comme un jeu de dominos géant, des dizaines de barres de logements dans le plus pur style soviétique. Je me retourne côté mer, Marseille doit être pile en face, et vois un canot à moteur, seul comme une étoile filante, se balader au large. Le mieux serait d'attaquer tranquillement la descente. Le corps chauffe, la tête surtout chauffe, le régulateur est pété et quelque chose va mal se passer si je ne me mets pas en mouvement.

Moi qui demandais des cartes postales, en voici une belle, avec ces trois jeunes garçons qui cavalent sur le chemin du fort, tapent dans les mains, écoutent du raï, dansent, clament bonjour et bienvenue, sautent comme des cabris sur fond marin sublime.

J'ai dû prendre un bon coup sur la tête, la démarche commence à s'en ressentir, je flageole sur mes jambes, mes pieds font n'importe quoi. À chaque pas je manque m'étaler. Ça tape de plus en plus. Me croisent à la montée, un homme accompagné de deux femmes en niqab noir, pas la moindre trace de Lalla Khedidja sur elles pour se désaltérer, sauf à planquer les petites bouteilles quelque part. Nous ne sommes pas faits du même bois !

Avec mes pieds qui partent dans tous les sens, j'arrive devant la rôtisserie que j'évite au mieux pour continuer un peu vers le pic des Singes. Je sais que c'est une connerie d'y aller, mais c'est partie intégrante de l'insolation que d'être pris de l'envie d'aggraver son cas. Je sens que je marche comme une femme enceinte sur des patins à roulettes, quelque chose ne va pas.

J'approche du carrefour qui donne sur le Pic, la quantité de déchets va croissante, c'est incroyable ce que cet endroit peut être dégueulasse, un joyau, mais dégueulasse. J'ai trop chaud, je m'arrête, m'appuie contre un muret et laisse tomber mes yeux sur mes pieds, les deux semelles sont complètement décollées des chaussures ! Grosse partie de rigolade tout seul, ou presque, car au même moment un jeune macaque saute sur une petite baraque en béton d'où il me lance des bouteilles en verre qui éclatent l'une après l'autre ! Je ne peux pas courir, alors je lui dis comme je peux de se calmer, espérant le faire fuir, ce qui attire une paire de macaques adultes aux mines pires que celles des douaniers d'Alger. Je dégage. J'ai eu les singes sans le Pic. Cap Carbon attendra ce soir. Pour l'instant je suis en plein cagnard, semelles décollées par la chaleur (!), la boite crânienne en cuisson douce.

Le premier minibus me prend en stop. Francis Cabrel à fond, avec vue sur le golfe de Béjaïa, ça a de la gueule cette descente. Il me dépose tout en haut de la cité.

Il reste un bon bout de marche quand m'appelle un homme en djellaba blanche surgi d'un garage : « Viens, Monsieur, viens » et me tend une bouteille fraiche. Ces gens sont adorables, incroyables. Je m'assois avec lui, partage l'eau et quelques mots, puis continue jusqu'au premier endroit qui héberge une Conti. Là, bien entendu, on veut tout savoir de moi et du pourquoi je suis ici. Comme à chaque fois l'étonnement est maximal quand la réponse est que je ne suis là que pour les rencontrer eux. Ils me racontent un passé regretté, Bougie la belle, la perle de la Méditerranée et l'état de perdition actuel. Est-ce leur âge avancé, je ne peux l'affirmer, mais ils évoquent un âge d'or. Ils cherchent leurs mots quand ils tentent d'évoquer un sentiment flou qui se situe entre « si la France y était toujours » et « pourquoi l'Algérie ne sait s'occuper d'elle-même ». Comme la formulation bizarre d'un regret d'avoir obtenu une liberté désirée.

Partout le même son de cloche. Je passe un quart d'heure et repars patauger dans mes semelles et ma brume cérébrale vers la basse ville. Un crochet par l'hôtel pour avoir une info cordonnier et une heure de fraicheur sous la clim de la chambre.

Le ventre vide, je me traine jusque dans les rues commerçantes et rentre dans la première pizzeria qui se présente. Je suis loin du programme eau et fruits aujourd'hui. Je demande si je peux avoir une petite pizza, mais sans conviction. Barbouillé, je m'installe dans une salle où il fait au minimum 40 °C. La télé au fond de la salle gueule, un type à l'antenne vocifère tout ce qu'il peut, dans une vignette de l'écran des pick-up couverts de djihadistes soulèvent la poussière saharienne. Deux tables plus loin, un couple, petite cinquantaine, explore en détail les plaquettes d'une unique boite de médicaments. La pizza qui arrive semble avoir subi un accident anatomique, je m'en fous, j'ai faim. Cette chose va peser lourd, c'est certain.

Deux rues plus haut, dans le fond d'un immense garage, logé entre des marchands de vêtements traditionnels kabyles fort jolis, le cordonnier me reçoit avec une sagesse tout africaine. Oui, il peut recoller les semelles. À la question de combien de temps cela prendra, il répond : « Le temps qu'il faudra, mon ami, peut-être plus ». Concrètement, j'ai deux heures devant moi, en tongs, assis sur un trottoir comme une saucisse sur son grill, entouré de gens qui pour les uns tentent de nettoyer le trottoir pendant que les autres y jettent tout ce qu'ils peuvent. Lèche-vitrines obligatoire. Toutes me donnent la nausée malgré elles. Ici aussi, les hommes aux liasses de billets sont stationnés un peu partout et, comme à Alger, ils sont cools, jamais insistants.

Expédition gare de Béjaïa pour prendre des infos pour la suite du voyage. Je recommande aux amateurs d'adrénaline de tenter une traversée de l'avenue Mustapha Ben Boulaïd chargée à bloc de bus et autres outils pour écraser les touristes, à moitié délirants, en tongs désobéissantes.

Des types aimables à souhait m'indiquent comment faire le lendemain pour trouver un taxi. Je tue le temps dans les rues plus bas, avant de retrouver mon cordonnier préféré qui a fait des miracles pour une petite pièce de 200 DA ! Chez lui, tout est tellement bien rangé qu'il s'en est fallu de peu que je ne reparte avec les chaussures de quelqu'un d'autre.

Hôtel. Black-out.

Quelquefois les événements se composent avec un rythme qui leur est propre, il faut faire avec à son tour. Une parole d'une autre fille du désert m'avertissait : « le seul moyen de supporter la chaleur, c'est l'accepter ».

Si je veux réussir l'opération *quitter Bougie*, je vais devoir m'y prendre tôt. À 6 h 30 je quitte ma chambre pour une autre cafétéria qui propose 35 bons °C, des pains sucrés et, bien sûr, le délicieux ! Les semelles ont l'air de tenir. Une nouvelle fois, c'est le modèle routard qui attire les sympathies et je ne tarde pas à être assisté de toutes parts pour m'aider dans mon périple. Tout s'enchaine. Un jeune homme m'accompagne dans le bon bus, me fait descendre au bon arrêt à la gare routière.

L'endroit est encore plus enfumé que le reste. Sur un banc, un homme rondelet aux grandes boucles fume sur fond de panorama montagnard. Il a l'air de mauvais poil. Il fait la bonne cinquantaine, même si je me méfie à présent de mes estimations d'âge avec lesquelles je me suis systématiquement planté d'une décennie de trop. Il me dit avec un accent à couper au couteau : « Tigzirt, c'est une sacrée course ! » Je lui demande combien il voudrait pour la faire, la sacrée course. Il me répond d'un air qu'on prendrait pour dissuader et lance : « 8 000 DA ». Eh bien, c'est parti ! Il scrute le regard de ses collègues et donne, l'espace d'un instant, l'impression d'être de moins mauvaise humeur.

Une minute plus tard, nous voici partis pour un voyage qui se transforme là aussi en leçon de conduite, en leçon d'Algérie. On trace le long de la côte, par monts escarpés, chantiers innombrables, les éternels plastiques dans un paysage mi-paradisiaque mi-effrayant. Il parle, s'énerve même, des jeunes fainéants et dit que la vie est si dure qu'il ne sait pas du tout où cela va pouvoir s'arrêter. Il explique que depuis quelques années chaque mois est plus dur que celui d'avant, que tout espoir s'est envolé, qu'il rêve lui aussi d'un Boumédiène qui interdisait aux Algériens de jouer aux dominos pendant les heures de travail (!). Il dit s'énerver encore plus, et s'énerve vraiment dans le taxi, quand il entend certains dire que l'Algérie est une dictature : « Qu'ils aillent voir au Maroc, en Tunisie, en Syrie, en Lybie ! Ici, tu peux dire tout ce que tu veux, personne ne t'emmène en prison pour ça ». Nous roulons un peu, il s'apaise, et reprend : « Mon plus jeune fils est encore à l'école, il est protégé des problèmes, encore 1 an ou 2, après je ne sais pas ». Le trait de côte est dur. De grands espaces sauvages ajoutent à la sensation d'éloignement de Bougie. Je suis content de quitter Bougie, de voir le large, même enveloppé de déclarations tranchantes. La pauvre route fait ce qu'elle peut pour rester où elle doit être, ne pas trop se faire bouffer par de larges trous, de hautes bosses ou autres nids d'autruches. Les face-à-face sont monnaie courante, on s'adapte, on s'embrasse sur l'aile de la bagnole et c'est reparti. Nous mettrons 3 bonnes heures pour parcourir les 120 kilomètres qui nous séparent de Tigzirt. La N24, le phare du Cap Sigli, Beni Ksila, Assefoun, quand couleurs et formes sont en plein éveil, quelle balade, quelle beauté.

Tigzirt, je dois impérativement trouver une banque qui accepte ma Visa, à manger et une chambre au mois d'août. Rester optimiste. Mieux que cela, j'ai confiance.

D'abord, la banque. Il me reste 110 € de réserve et environ 4 000 DA. Sachant que j'ai encore 5 nuits d'hôtel et le trajet vers Alger, il me faut trouver un moyen de retirer des Dinars avec ma carte, ce qui ne devrait pas être un problème. J'ai une pensée pour la gentille dame de la Caisse d'Épargne de Lamastre (qui n'est pas en Algérie !) qui était de bonne foi, de bon conseil et certaine de son fait en pensant que la Visa, c'est partout. Je retournerai la voir un de ces jours pour lui donner un tuyau.

La ville est tout en pentes. Tigzirt a immédiatement l'air moins sale et un brin moins chaud. Le bon chauffeur me dépose Avenue Ahmed Chefai, plein centre. Sa mauvaise humeur le reprend juste avant le demi-tour pour Béjaïa. Dès que je quitte la voiture, il entame sa série de cigarettes roulées à l'aller, confiant pendant les travaux de roulage la direction de l'engin à une cuisse leste et précise calée sous le volant.

La banque que l'on m'indique, la BADR, pour Banque de l'Agriculture et du Développement Rural, est nichée quelques rues plus haut. Cela se passe rue des 120-Logements. On a plus de chances de trouver 120 logements rue des 120-Logements que des cigognes rue des Cigognes. Je grimpe avec tous mes kilos sur le dos, d'abord dans la bonne direction, mais termine ma course dans le bureau d'une compagnie d'assurance, ne me demandez pas pourquoi. Un homme immédiatement avenant me dit que c'est juste à côté et précise, si cela ne devait pas fonctionner, de revenir le voir. Bien entendu à la BADR on me regarde, sincèrement désolé et impuissant, expliquant que seules les cartes locales fonctionnent. Seule possibilité d'après eux, tenter ma chance dans une filiale de la Société Générale à Tizi Ouzou, 40 km au sud, 43 °C à l'ombre au moment où on l'évoque. Hors de question, je vais beaucoup mieux et compte bien rester en forme. Je retourne voir l'assureur qui me dit où trouver l'autre banque qui a la bonne idée d'être encore plus haut dans la ville.

Je me dirige, pissant littéralement de sueur tant l'air est chargé d'humidité, vers la BDL, la Banque de Développement Local. Il me reste une dernière rue à traverser quand sortent de sous un parasol des mains qui s'agitent et m'invitent à les rejoindre !

Je me retrouve face à deux *barbus* en djellabas claires, assis devant des cafés entamés et m'assieds avec eux pour écouter ce qu'ils ont à me dire. Leurs mines sont tristes à mourir. Ils ont tous les deux la quarantaine, sont originaires de la région de Tikjda, dans le massif du Djurdjura plus au sud, en limite de la wilaya de Bouira traversée en train il y a peu. Ils sont à Tigzirt pour travailler en maçonnerie et se désespèrent chaque jour de ne trouver un moyen de quitter le pays pour une vie meilleure. Harraga ! Celui qui a une grosse barbe noire me dit, sur un ton à la fois doux et désespéré : « Tu dois nous dire la vérité, mon frère, dis-nous comment faire pour prendre le bateau clandestin. Nous sommes des travailleurs honnêtes, nous n'avons jamais volé, nous sommes de bons musulmans. On n'est pas des Arabes, tu comprends, on est des Kabyles ». L'homme, les larmes aux yeux, ajoute en passant ses grosses mains dans sa barbe : « Et ça, on l'enlèvera, bien sûr ». Son compagnon acquiesce. Je n'en montre rien, mais leur déclaration est déchirante de détresse et de sincérité. Je lui dis que je comprends, que je dois réfléchir à ce que je peux dire, que je vais à la BDL et reviens. Je me lève, contourne le bâtiment et fais une minute de pause.

J'ai l'impression d'être dans une mise en scène. La vérité est pourtant plus simple, cette vérité est à tous les coins de rue.

À la banque, un monde fou. On me dit : « Le distributeur est cassé, même si tu as la bonne carte, c'est cassé ». Je remets à plus tard la question de l'argent et retourne sous le parasol de la désespérance, mais, gonflé que je suis moi-même d'énergie nouvelle, je m'agace de voir se morfondre les deux solides gaillards.

Je ne peux faire autrement que dire à ces hommes ce que j'ai entendu de la bouche d'autres, précisant bien *de la bouche d'autres* et non de la mienne, jardinier ardéchois de passage ! Que des bateaux partent d'Oran vers l'Espagne, terre européenne la plus proche et qui ne refoule que peu, que la zone ne serait que peu surveillée par les gardes-côtes algériens qui auraient tendance à fermer les yeux. À chaque phrase je précise que je n'en sais rien, mais les deux hommes boivent mes paroles ! Qu'il y a des passeurs qui seraient des Syriens entre autres, que la place va de 1 000 € à 8 000 €, qu'il vaut mieux ne pas avoir de papiers pour dire qu'on est Libyen ou Syrien, que voilà ce qu'il se dit à Alger. Ils disent avoir entendu les mêmes choses et me demandent ce que je leur conseille. Je réponds : rien, aucun conseil, certainement pas, sauf peut-être de ne pas s'afficher dès les premiers mots avec un inconnu comme des morts de faim quand ils se rendront à Oran, meilleur moyen à mon avis de se faire plumer comme des poulets par des mafieux qui ont encore moins à perdre qu'eux.

L'homme à la barbe noire, les yeux ouverts comme des télés, me dit que c'est Allah qui m'envoie, il a l'air de s'y connaitre. Je suggère que le même Allah ferait bien de me trouver une chambre libre. Ils me disent que demain ils repartent chez eux en montagne pour barricader la maison et aller à Oran tenter leur chance. On se donne longuement les mains, je disparais direction le tribunal, car c'est dans ce coin que se trouve l'hôtel Mizrana. Bordel, j'espère qu'il ne leur arrivera rien de mal ! Ainsi, le temps s'écoule dans les rues algériennes.

Mizrana, complet. Le réceptionniste est désolé et me propose de prendre une douche, je dois avoir une sale gueule. Il me dit d'aller voir aux *Trois frères*, plus bas dans la ville. Je descends, l'accueil ici comme partout ailleurs est chaleureux mais c'est complet, aïe aïe ! Pas de proposition de douche, mais d'une dernière et très faible chance en bord de mer. Hôtel du *Bel Air*, sur lequel il est écrit *Mauvais temps*, ce qui me fait froid dans le dos et penser aux deux lascars, barbus, mais aux âmes d'enfants, qui partent à l'aventure.

L'homme à la réception me dit dans toutes les langues possibles que j'ai une chance inouïe, qu'une chambre va se libérer dans une heure, que je peux l'avoir et qu'en plein mois d'août, au plus bel endroit en Algérie, c'est rare. 6 000 DA la nuit, sans petit déjeuner, tope là.

Deuxième étage, chambre avec portes-fenêtres et persiennes blanches sur un immense balcon en surplomb de la mer, plage bondée piquée de parasols en rangs d'oignons, vue sur Marseille, ressac des vagues, lit confortable. Je ne suis toujours pas musulman, mais une chose est certaine, Allah, trouver une chambre, et une belle, ça le connait !

Je sors acheter des tomates et du pain. À l'épicerie du coin, je me livre à une enquête sur le meilleur fromage local et me retrouve avec une boite de 16 *Vache qui rit*, mais de vaches Kabyles. C'est fabriqué à Tizi Ouzou, c'est déjà ça et je les trouve délicieuses. En revanche, le reste, je n'en peux plus. Le voyageur a l'estomac un peu noué, pas grave, je ne suis pas venu pour manger et si j'en crois le système local, le même Allah trouvera moyen de me faire goûter un plat avant de repartir, on verra… Je descendrai à la plage un peu plus tard, après le pique-nique de luxe sur le balcon de ma chambre.

À la réception, l'homme en a enfin terminé de ma petite fiche de police. « C'est pour ta sécurité, monsieur, ahhhh oui, la sécurité. » Le bonhomme, qui se plaignait de ne pouvoir respirer correctement tout en fumant comme un pompier, surjouait un peu l'affaire mais donnait quand même l'impression de craindre de se faire tirer les oreilles par les autorités. Je pars changer 90 € en dinars, ça fera un peu de marge en attendant de trouver une solution. Les Kabyles doivent porter en eux un gène composé pour moitié d'une version appuyée de patriotisme et pour l'autre d'une âme de pédagogue pressé. Tous veulent faire apprendre la langue sur-le-champ. « Tu dois apprendre à parler kabyle, tu dois apprendre à parler kabyle. » La méthode locale, vue aussi à Béjaïa, est de se réserver une minute ou deux en kabyle avant de laisser entendre que tout le monde parle français. La première phrase en français étant bien entendu : « tu dois apprendre à parler kabyle ». Réceptions diverses, épiceries, boulangeries, commerçants et commerçantes à qui je demande mon chemin, ils ont tous ce tic. Sont sympas, tous, mais d'abord le petit tic obligatoire. Je donne ses 6 000 DA au gardien des lieux, me voilà tranquille jusqu'à demain.

Tigzirt, c'est un vrai petit paradis si on parvient à décrocher son regard du sol quelques instants. Le paysage est aussi beau que ses lumières et une coloration de la mer que je n'ai vues qu'ici. Il faut dire que mon point de vue est des meilleurs !

Donc, plus d'argent, ah bon, voilà une bonne question qu'il va falloir régler. Je comptais rester à Tigzirt pour trois nuits et avoir le temps d'explorer un peu la campagne alentour. Mais je dois me rendre à l'évidence en riant de mes petits problèmes, que je n'ai plus de sous. Le reste du capital suffira juste pour une autre nuit, quelques petits frais et le long trajet retour vers Alger. Dans la capitale, à tous les coups, je trouverai un endroit où jouer avec ma carte Visa et si ce n'est pas le cas je trouverai une autre solution, mais pour ça je dois être sur place.

Si en Algérie vous frottez une lampe, c'est tous les numéros de téléphone des gens croisés qui en sortent ! Je contacte le patron de ma chambre algéroise au planning archiplein, lui explique ma petite situation et que je rentrerai sûrement un jour avant la date prévue, si je peux avoir un endroit où poser mon sac. Dans l'instant il m'arrange ça. Voyageur, je te le dis, s'il te prend l'idée de jouer les routards en Algérie, si on te donne un contact, accepte-le, ces gens ont une parole et te sauvent la mise !

Balade tranquille jusqu'au soir venu, quelle détente. La mer m'attendra jusqu'au lendemain, je ne suis pas très loin. Que c'est bon d'entendre monter de la plage les joies de toutes et tous à la nuit tombée. Tout est noir à quelques mètres de la plage, je me réjouis pour ceux et celles qui sont à l'eau, invisibles, à l'ombre d'une douce intimité bien méritée.

Mardi
13 août

Que c'est bon de voyager avec pour seule règle de pallier les impératifs du repas, du gîte et de laisser tout le reste s'orchestrer par la disponibilité aux imprévus. Comme une bille dans un flipper. Certes, c'est un peu plus fatigant que ce que certains s'imaginent être des vacances. Qu'ils se rassurent, je sais que ça ne ressemble pas à grand-chose, mais cela n'a aucune importance. Que chacun trouve son plaisir, c'est fantastique.

Se trouver à Tigzirt, à une minute de la plage, en pleine canicule algérienne est une coïncidence dont j'entends d'ici certains et certaines la qualifier de tout autre chose. Plus d'une fois, on m'a dit qu'Allah m'avait envoyé de-ci de-là pour ceci ou pour cela. Si ça peut rendre service, j'en suis bien heureux. Je ne sais pas à qui je dois la meilleure chambre du littoral méditerranéen, la 305 du deuxième étage, mais je dirai ma gratitude au premier qui se présentera. Tigzirt est une belle parenthèse, belle et bienvenue.

Je trouve rigolote la manière de certains Kabyles d'illustrer leur légendaire modestie en racontant à quel point sans eux l'Algérie aurait connu le sort du Titanic, que leur ouverture d'esprit n'a d'égal dans le monde. Il est fier le Kabyle et plutôt deux fois qu'une, d'être Kabyle tout court et de faire partie de ceux qui sont tout sauf arabes. Sans hésiter, j'ai changé mon logiciel de Salam Alaykum pour Azul et Sahar, prononcer Sahaaaar, à tous les coins de rue, ce qui fait à nouveau bien rire. On rigole bien, et de très bon matin, c'est l'essentiel.

Dans l'épicerie, deux rues plus haut, je suis pris en charge comme un nourrisson et on me promet une nouvelle fois qu'il n'y a qu'ici que je trouverai le meilleur fromage. Je repars avec ma nourriture quotidienne favorite, tomates, carottes, Lalla Khedidja, du raisin. Sahaaaar, Shoukran, Azul !

Après deux succulents, délicieux, savoureux, excellents, onctueux cafés pressés à force de bras, je me retrouve à l'eau. Il est un peu plus de 8 heures. Délectation ! Ce petit territoire de plage est presque libéré des plastiques si communs ailleurs. Les gens aussi sont différents, quelque chose est différent. Les cheveux se baladent à l'air, la présence féminine est différente. Tout a l'air de cohabiter, quelle que soit la manière d'être. Je fais de grands ploufs ambitieux jusqu'à rencontrer un des nombreux rochers planqués sur le fond qui me calme et m'ordonne de rester sage. Soudain, un serpent ! Et d'autres, une foule de serpents dont seules les têtes dépassent de l'eau. Merde, un banc de serpents arrive sur moi ! En trafiquant mon regard de myope, je m'aperçois qu'il s'agit d'une multitude de petits poissons entre 10 et 15 cm qui se baladent tête hors de l'eau. Ils sont finalement assez drôles, peureux et curieux et ne ressemblent à rien de ce que je connais. Des petits bancs comme celui-ci se promènent tout le long de la plage.

Le plaisir des adultes et des enfants est intense, le mien aussi. Un banc de plastique en approche cette fois, je sors pour laisser passer. Un ciel sans avion, sans hélicoptère, même les mouettes sont rares. Je repense au chauffeur de taxi d'hier qui parlait de difficultés croissantes depuis 4 ou 5 ans. Je réalise à présent seulement qu'il faisait sans doute, en plus de l'arrivée de Tebboune au pouvoir, référence au Covid. Le Covid en Algérie, je ne préfère même pas y penser ! Je repars en balade.

À deux carrefours de la ville, j'aperçois de petites *Noires*, dites *Nègres*, sans complexe aucun par certaines de mes rencontres à Alger. Une femme avec de minuscules enfants est couchée à même le trottoir de l'artère principale surchauffée de Tigzirt. Son plus petit est vraiment très, très jeune. J'ai senti dans plusieurs discours une sorte d'animosité avec les Noirs, les Africains, les Africains d'Afrique, source de problèmes, mais le pourquoi n'a jamais vraiment été formulé. Algériens racistes ?

Un employé de commerce m'explique que toute l'année, le monde entier, toutes les nationalités viennent visiter Tigzirt. Mon étonnement clairement affiché, un jeune qui nous écoute nuance : « Les Algérois, les riches Algérois ».

Trouver le prix de la course vers Alger et savoir où stationnent les taxis fait partie du programme.

Cela n'a pas tardé, à peine je me rends visible avec 40D mon fidèle ami dans la grande zone de détente, près du port, 5 jeunes me demandent une photo. Je la leur enverrai, pour le plaisir, dans quelques jours. À la question de comment ils se voient dans quelques années, en chœur ils répondent : « Europe ». Harraga, cinq fois.

L'endroit où nous nous trouvons ressemble à une station classique, restaurants, jeux et manèges, boutiques de souvenirs. L'autre plage, à l'est du port de plaisance, est bondée aussi. Heureux les habitants de Tigzirt d'avoir la mer, une brise qui rend ces heures près de l'eau supportables.

Je ne dirai pas que les filles kabyles sont rudement belles, tout le monde le sait déjà.

En remontant vers la ville, un autocollant *Croissant-Rouge* sur une porte attire mon attention. Je passe la tête dans la grande salle vide, il n'y a plus personne. Une femme s'arrête derrière moi et dit : « Elles sont toutes reparties, elles sont quand même restées deux mois ». Je lui demande si elle sait comment fonctionne le Croissant-Rouge, si sa présence est régulière. « Les bénévoles, c'est que des femmes. À Tigzirt, habituellement, il n'y a pas de Croissant-Rouge, il n'y a rien pour aider. Ici, tout le monde est dans le besoin, l'APC (la mairie) ne fait rien pour la population. Les bénévoles doivent payer la location de leur poche ! Mais ces gens qui ont du mérite ont eux-mêmes des problèmes. » La femme parle sans reproches, mais dénonce un abandon général. Je reste sans informations à donner à ceux qui cherchent un Croissant-Rouge à Alger ou ailleurs. Elle ajoute : « Peut-être il y a un local quelque part à Alger. Ils viennent et repartent ».

Je la remercie chaleureusement, me remets en route et me prends les pieds dans un moignon de panneau routier coupé à 20 cm du sol, organise une figure et retombe finalement sur mes pattes. Des jeunes filles en train de mâchouiller des viennoiseries explosent de rire, feu d'artifice de miettes de pain au chocolat. Tout le monde est content.

Je croise des Africaines, je ne vais pas redire à chaque fois ni noires, ni nègres, ça m'est impossible. Elles ont, comme leurs filles, des voiles qui couvrent la tête, ne laissent apparaitre que le visage. Voile qui s'arrête à hauteur de la taille, d'une seule pièce, une sorte de cagoule. Les femmes adultes portent des bouteilles d'un litre et demi sur la tête. Je trouve un taxi, il annonce 7 000 DA pour Alger. Je reviens demain, bonne soirée monsieur, on se donne les mains, se souhaite de se revoir demain. Personne, en dehors d'une histoire de part de saint-sébastien, plus tard, ne m'a arnaqué sur un prix parce que je serais l'Américain de passage, personne.

Tigzirt a une belle librairie et, dans sa vitrine, un mini-Coran et sa pochette qui me font de l'œil. J'y vais, et repars avec. Le libraire me laisse faire une photo de sa très belle vitrine. Dans la rue, non loin de là, quelqu'un me voit ranger le petit Coran et m'explique : « Tu sais, ici les traditions sont très ancrées. Le Coran que tu viens d'acheter, c'est pas un Coran pour lire. C'est un Coran à glisser dans un berceau, dans ton lit, dans le coffre de ta voiture pour protéger du mauvais œil, des malheurs, des djinns. Comme une superstition populaire ». Me voilà protégé du mauvais œil !

Le Jardin Colonel Amirouche offre son ombre pour écrire. Ici, la saleté reprend le dessus. Je dois compter mes Dinars. Avec le reste je vais peut-être pouvoir me payer une brochette ce soir. Je me laisse tenter par le snack Baraka, c'est sur place et ça sent bon. Peut-être aussi acheter un nouveau carnet chez le libraire, les miens se remplissent vite. Les gens sont toujours très aimables et avenants, mais avec un peu plus de distance (je ne sais si c'est de la méfiance) qu'à Alger.

Les Africaines se regroupent en bas du parc. De jeunes enfants, nombreux, sont avec les mères. Les femmes portent cette fois d'immenses paniers remplis de bouteilles pleines sur la tête, tout en criant sur les enfants qui n'ont pas l'air de les entendre. Tout le monde remonte la rue sous le magasin de cosmétique et s'engouffre dans un minuscule van de marque japonaise dont on ne soupçonne pas un instant qu'il puisse contenir autant de personnes.

Le carnet trouvé chez le libraire, de retour sur les escaliers du Jardin Colonel Amirouche, je discute avec un monsieur qui remballe les vêtements qu'il vend sur place. L'homme s'exprime comme un livre, instantanément profond. Il regrette d'avoir à faire, de devoir quitter le parc sans pouvoir m'accorder davantage de temps. Moi aussi.

Une femme jette au visage de son ado des nattes de plage et, pour lui expliquer qu'il doit porter sa part d'affaires, lui distribue une rafale de mandales dont il se souviendra. L'éducation chez la mère kabyle est un sport de contact !

Je me balade encore un long moment. En Algérie, c'est la malbouffe qui règne sans partage, encore pire qu'en Europe, il n'y a que ça. Je vais rentrer finir ma carotte et mon stock de vaches kabyles qui rient fabriquées à Tizi Ouzou. Ma voisine de voyage en train m'avait indiqué que c'était peine perdue d'espérer à tous les coins de rue de bons grands couscous épicés. Les familles en préparent tous les vendredis à la maison et n'auraient jamais l'idée de sortir manger un couscous. Aucune importance, si je trouve de l'argent à Alger, et je le dois pour payer ma petite chambre, j'irai voir à la pêcherie, manger quelques sardines. Je parle de bouffe, de plats. En descendant vers le bord de mer, rejoindre ma vigie extraordinaire de la 305, je vois des choses en ciment qui cerclent le pied des arbres. Ces trucs ont en tout une forme de Kougelhof. Je crois que j'ai faim.

Je mange midi et soir dans ma chambre. Légumes, pain à l'orge, fromage, raisins de Boumerdès énormes et savoureux. La vue est si belle, j'y suis si bien. La donne à Alger n'est pas la même, je fais trainer ma chance.

La plage est bondée, la mer pleine de baigneurs et l'assaut du *plasticberg* échoué ce matin complètement nettoyé. La plage est belle et le temps pour y être ce soir parfait.

Mercredi
14 août

7 h 20, à la cafète chez Ferraoun il fait déjà une chaleur dingue. Banane, pommes, raisins, pain au chocolat et le merveilleux en deux exemplaires sont au menu. Dans la rue, il suffit que 3 ou 4 camions se suivent pour que le petit nuage se fasse épais, puis opaque et s'installe, fainéant et lourd.

Une de mes plus grandes appréhensions avant de partir pour l'Algérie était l'immense carnage causé par les accidents de la route. Devoir monter dans une voiture me semblait être un des plus grands défis à relever. En quelques jours, cela a bien changé. Je me réjouis ce matin de me laisser faire par un taxi qui connait son affaire et sait déjouer et prévenir les dangers que sont à peu près tous les autres sur la route. Le slalom est garanti sur le moindre petit trajet. Celui vers Alger tiendra une nouvelle fois sa promesse. La Dacia aux portières défoncées affiche 500 000 bornes au compteur, c'est la première chose que je vois en m'installant le plus lascivement possible. La deuxième chose qui me saute aux yeux est l'exacte réplique du mini-Coran acheté hier chez le bon libraire. Je repasse en revue les bienfaits de la chose et imagine, pour me rassurer, que quelque part sur la notice figure aussi la protection contre tous les débiles dangereux qui iraient vers Alger ou en viendraient ce matin.

Direction les terres, on quitte la côte. Direction, plus précisément, Tizi Ouzou par la N72 qui nous fait louvoyer à flanc de colline et, mine de rien, nous élève tranquillement aux alentours de 700 mètres. Le chauffeur est rigolo par sa similitude avec celui de Bougie. Ils ont pour point commun leur mot préféré qui se prononce connard. Autant le taxi de Béjaïa à Tigzirt était taiseux, crachait, fumait et fulminait tous les quelques kilomètres, autant celui-ci, à la conduite plus montagnarde, n'a pas eu besoin de la moindre question pour parler tout le long, et nombreux, très nombreux, sont les heureux qui se sont retrouvés dans son mot préféré. Il se désole de ne pas pouvoir envisager sa retraite dans son pays. Plié sous son bon mètre quatre-vingt-dix dans la petite voiture, il dit : « C'est impossible de vivre normalement de la retraite algérienne. Je ne vais pas travailler jusqu'au dernier jour de ma vie et ne vais pas mendier pour vivre. Je travaille encore un peu et je pars. Je vais partir en France. J'ai travaillé taxi clandestin à Paris, j'ai travaillé en Espagne, je connais l'Europe. Il vaut mieux se faire refouler 10 fois d'Europe que de rester ici avec tous ces connards peureux qui se laissent marcher sur la tête ». Le bord des routes est catastrophiquement couvert de déchets. Nous croisons des gens qui vident un pick-up sur le bas-côté. Plus loin, d'autres qui incendient les déchets là où ils se trouvent. « Tu vois ces connards ? Ils éduquent mal leurs enfants, ils jettent leurs merdes partout et quand tu leur dis qu'il faut construire une usine de retraitement et de tri, ils disent qu'ils n'en veulent pas chez eux, ces connards. » Avant de rejoindre la périphérie de Tizi Ouzou, il se met à pleuvoir sérieusement. « Les Algériens sont bêtes, ils pleurent sur leur situation et ne font rien pour aller de l'avant, ils ont besoin d'être traités à la dure. Si tu ne donnes pas d'autorité à ce peuple, tu n'obtiendras rien de rien. On a besoin d'un dictateur, mais raisonnable (retour du dictateur raisonnable) comme Boumédiène. Pas des connards comme Bouteflika qui léchait le cul aux barbus, ou ce connard de Tebboune qui ne sert à rien pour son pays. Il faut quelqu'un qui agit comme un père avec ses enfants, avec justice et fermeté, mais Tebboune n'aime pas ses enfants. »

La pluie se calme, la route est détrempée, nous roulons à 120 km/h. Sur notre voie, et en face, accident sur accident. Voiture encastrée sous un camion, camion en portefeuille cabine contre remorque, voiture à califourchon sur une glissière en béton. « Regarde tous ces connards. Il pleut un peu et ils cassent tout ce qu'ils possèdent. Ils sont tellement cons qu'ils ne savent pas qu'il faut ralentir quand la route est mouillée ! » Nous passons, toujours à 120, slalomant entre les autres qui slaloment entre les suivants. 500 000 bornes, les freins sont comme neufs. Le taxi trace sa route dans la wilaya de Boumerdès, fort belle, très agricole. Je demande si la région produit du vin. « Du vin ? Mais non, ils sont beaucoup trop Allahou Akhbar ici, il mime de se caresser une énorme barbe, mais si tu en veux je te dis où en trouver. C'est des viti, pas des vini. » Éclats de rire, le soleil revient. « Regarde, tu trouves ça normal ? » me dit-il. Une file de véhicules de plusieurs centaines de mètres se trouve stationnée à notre droite. Chacun est chargé jusqu'au ciel de raisins et d'autres fruits et chacun a droit à un petit contrôle de police. Je pourrais ici citer la pensée du chauffeur, mais préfère vous la laisser formuler vous-même. Ici, je vois pour la première fois un raisin dont le grain a une forme de bouchon et non de petit œuf comme à son habitude. Alger apparait, on passe à toute vitesse sous les fenêtres de Djamaâ El Djazaïr, côté mer, c'est la grande classe. Deux milliards de dollars, tu peux les voir d'où tu veux, c'est la grande classe assurée. « On avait besoin de ça, hein. Quels connards ! » La grosse main du chauffeur s'agite par la fenêtre du taxi pour faire un signe de désapprobation à la Grande Mosquée qui voit toute la journée défiler ici-bas des gens capables d'opinions et qui ne s'en privent pas.

Il me laisse au carrefour du monument le Docker. On se salue longuement. Je traverse vite côté Agha, pose le sac et me rends compte que je connais un paquet de prières dans plein de langues ! Bon sang, arrivé, et sans accident, Dieu merci, lequel je m'en fous, mais Dieu merci. Voilà ce que ce genre de balade peut faire à un athée chevronné !

Je suis content de retrouver Alger, d'une certaine manière, de n'avoir plus rien d'autre à faire que d'explorer ce lieu que j'aime. Il y a bien des endroits encore que je souhaite visiter, cette ville ne manque pas de trésors. Mais d'abord, si je ne veux pas payer ma chambre en faisant la vaisselle, ce qui me prendrait une semaine à temps plein après une rapide conversion, je dois dénicher un peu d'argent frais.

Je remonte la rue Arezki Hamani où je me renseigne sur la présence éventuelle d'un guichet de la Société Générale. Il y a à Alger ce je ne sais quoi de chaleureux qu'il n'y a pas chez les Kabyles que j'ai rencontrés, certes gentils, mais un brin plus froids, moins chauds, comme chacun voudra. Les deux messieurs en chemise qui papotent comme s'ils ne s'étaient pas vus depuis des siècles me guident, m'accompagnent, me disent et me répètent de revenir vers eux si je ne trouvais pas. Chaleureux, arabe quoi. Ils m'indiquent tellement bien le chemin en nombre de rues et escaliers que je dois redemander à une jeune femme un peu plus loin.

Elle, Khadidja, 25 ans, laisse tomber tout ce qu'elle avait à faire, c'est-à-dire aller au boulot, pour chercher le guichet avec moi. On passe chez les commerçants, elle devant, pour enquête. Elle joue avec son téléphone et divers plans. On trouve l'agence devant laquelle nous sommes passés 3 fois, c'est tout bon pour les sous ! Je propose à Khadidja de boire un coup ensemble, c'est parti. Fille de prof, d'une famille de classe moyenne supérieure, elle vient d'être diplômée en informatique et a trouvé un job dans une agence qui tourne bien. Elle me donne des adresses où trouver des plats traditionnels et me regarde comme si j'étais la plus grande bizarrerie de la ville. On se souhaite plein de bonnes choses pour l'avenir et elle part bosser. Khadidja, jeune, ouverte, généreuse, une fille sans voile et sans crainte. Harraga, non, pas par voie maritime, mais un petit stage en entreprise à l'étranger, pourquoi pas…

Ma nouvelle chambre est superbe, je n'en demandais pas tant. Lit double, vue sur les liasses de Dinars, inondée de beau soleil, un régal. Après une petite installation, un peu d'écriture encore, je vais faire un tour. Nul besoin de grandes expéditions pour trouver un repas. Je m'arrête trois rues plus loin chez un petit restaurateur, comme les autres pour moitié de rue, pour moitié de salle. Lui aussi déborde de gentillesse. Je me fais bichonner. J'ai faim ! « Installe-toi mon ami, je vais cuisiner pour toi comme à la maison. » Arrive un immense pain galette comme je les adore et un plat que je ne suis pas près d'oublier. Une doubara aux pois chiches et fèves grandes comme des escargots, harissa, cumin, huile d'olive, couverte de persil frais, harissa, aux tomates fraiches et piment vert ciselé, harissa encore, couronné d'un piment vert entier dans lequel je croque à pleines dents. Pourquoi se méfierait-on d'un tout petit piment de rien du tout, pourquoi ? J'ai craché des flammes qui ont dû alerter les pompiers de Marseille ! Une fois ce baptême du feu passé et la température corporelle réglée sur canicule, le plaisir est indescriptible. Le chef est ravi de me voir transpirer, je suis de la famille maintenant.

Pour finir de reprendre mes marques, le Square Port Saïd, à quelques pas. J'adore cet endroit, j'y reste un très long moment, assis par terre près d'un arbre. Encore de longs papotages avec les uns et les autres, un petit rapport espiègle sur l'état de la Kabylie et on se pique et se charrie un maximum.

Définitivement content d'être à Alger, avec un jour d'avance, mais avec trop peu de jours pour prévoir une grande virée dans les terres, je laisse place à mon envie de culture et de découverte des merveilles locales. Pour le reste, laisser faire l'inventivité de la vie locale pour fournir ce qui lui passera par la tête. Un autre de mes carnets me rappelle des notes d'avant départ de lieux qui feraient d'excellents prétextes à balades comme l'ont déjà été un certain nombre d'autres qui valaient tous le détour. Le carnet dit : *va au musée des Beaux-Arts*. De plus, je n'ai aucune idée d'où se trouve la chose, c'est parti pour de nouveaux horizons. Je consulte le plan.

Il y a quelques jours, je faisais le tour du Mémorial des Martyrs par le téléphérique et le Jardin d'essai. Le musée des Beaux-Arts, dit le plan, se trouve exactement au centre de tout cela. Je suis donc passé dessus, à côté et devant. Un endroit finalement bien connu, mais j'y vais avec plaisir. Il me faut une nouvelle fois constater qu'Alger peine à se montrer, à guider l'étranger vers ses perles. Sortie de métro, station Jardin d'essai.

Je regarde bien le panneau qui n'indique aucune entrée de musée. Sur les escaliers du bâtiment, que je soupçonne être à la bonne adresse, une flopée de jeunes fument des pétards. Des artistes, me dis-je, je suis au bon endroit. Le plus rigolo d'entre eux me dit que c'est bien en haut de l'escalier et s'excuse en français pâteux d'être *high*. On fait la photo de rigueur. Je suis passé à côté de l'occasion d'en savoir plus sur ce qui attendait un fumeur de pétard s'il tombait dans les petites mains de la Chorta. Peut-être rien, mais cela m'étonnerait, mais peut-être rien quand même. Nulle part ailleurs je n'ai senti de substance orientale qui fait rire en régime autoritaire. Nulle part je n'ai vu de junkie ou encore moins les très fameux zombies, les pauvres, qui peuvent à chaque prise de substance éclater comme une ampoule.

Le monsieur de l'accueil du musée a une réponse toute prête à la question de si je peux faire des photos. « Non, pas avec l'appareil photo. » Je range 40D dans le sac. « Mais avec le téléphone, vous pouvez. » Bon, j'en ferai peut-être avec le téléphone, je n'aime pas beaucoup ça, mais pourquoi pas. « Alors, ça fait 200 DA, monsieur, et vous devez laisser votre sac. » Je donne 200 DA, et laisse le sac. « Et 200 DA pour faire les photos, monsieur. » Il vient de me donner un ticket pour 200 DA, et il comprend que je ne comprends pas.

« Et 200 DA pour faire des photos avec ton téléphone, tu as dit que tu voulais faire des photos avec ton téléphone, ça fait 200 DA de plus. » J'ai la charmante impression d'être un peu enfariné quand il me donne un deuxième ticket d'entrée, pour mon téléphone !

La salle des bronzes est extra. Ce n'est pas l'envie qui manque d'engager la conversation avec certains bustes. De nombreux tableaux évoquent un univers quelque part entre guerre et révolution. Incapable de savoir si c'est en cela qu'est évoquée la modernité, j'arrive à un endroit si joli qu'on y vivrait, l'étage-terrasse. Ici, on a cette impression que rien ne peut nous arriver. Le regard saute des barres d'immeubles, d'élevage de paraboles et linge aux fenêtres au Jardin d'essai et son entrée exorbitante jusqu'au loin où arrive un ferry rouge et blanc en tout semblable à l'arche empruntée pour arriver sur ces terres. Ici, bustes qui tournent le dos à la mer. Je me suis demandé quel effet cela ferait, de se trouver à contempler le lointain avec eux. Peut-être quelqu'un les retourne de temps en temps, je le leur souhaite. Je traine, m'installe sur une belle chaise et son coussin accueillant. Un lieu si joli, si simple, mérite une dose de temps considérable et rappelle le pont du bateau d'où l'on voit le monde passer. D'autres salles et couloirs tout là-haut proposent une ambiance et des visions déplacées une fois passé par cette terrasse. Anachronique, peut-être, anagéographique, certainement. Mais une nouvelle pause, longue, sur ce balcon apaisant, efface vite l'effet exagéré que procurent en ces lieux des têtes emperruquées.

Un œil sur la montre, le temps doit fuir quelque part comme d'un tuyau percé. Un œil sur le calendrier indique qu'il est temps de ralentir encore, penser à Sarah « tout va doucement », je dois aller doucement aussi. Ce pays a encore des choses à raconter.

Autre excellent prétexte aux balades et rencontres, les quelques cadeaux pour petits et grands. Des épices, incontournables, et pour le reste, je pars voir en ville si j'y suis. Tafourah, d'où il est facile de se perdre dans maintes rues autour et voir ce que la providence a à proposer.

Je passe par le Jardin de l'horloge florale qui ne cache pas son monument. La construction à laquelle il semble manquer quelque chose sur le haut est particulièrement claire en bas. Deux mains, poings écartés, éclatent une chaine solide. À côté, de très jeunes garçons s'entrainent à s'asseoir sur les escaliers. Il est étrange de se dire qu'ils ont, d'une certaine manière, sous leur nez, un certain mode d'emploi de leur vie. Le verront-ils ? Partout des jeunes, des jeunes, des jeunes.

Offrir des dominos, évidemment ! Alger est faite de commerces microscopiques, des univers miniatures avec tout ce que le cœur de l'homme et celui de la femme peuvent désirer. Piles, shampoings, cigarettes et jeux de dominos. Je me mets en tête d'en rapporter 5. Chez le premier Ali Baba, il m'en vend 3 à 450 DA pièce, très jolis dans leur petit coffret rouge. Encore 2 ! 4 rues sans succès plus loin (environ 10 Ali Baba), nouveau succès et énorme reculade quand le gars m'annonce le prix pour la même boite, il en veut 1 200 DA. Je me suis déjà fait bananer en payant une entrée de musée à mon téléphone, je n'allais pas permettre une nouvelle fantaisie du genre. Je sors de mon sac plastique blanc le jeu étiqueté 450 DA et dis au type qu'il faudrait qu'il se mette à jour sur les prix du quartier. Que, vu que je suis gentil et que j'en veux 2 encore, je les lui achète à 800 DA, mais jamais 1 200 DA. Pendant qu'il gesticule en arabe par la vitrine j'apprends qu'il n'est pas le patron et qu'il trouve que le touriste a un peu trop pris le pli local. Le patron en question, une fois serré comme la troisième sardine dans le commerce de poche, a droit au même exposé concernant ses prix. Ce à quoi il réagit en me disant que si j'en avais à 450 DA pièce, il m'en prenait un carton ! Voilà autre chose. Je réexplique, il me trouve gonflé à mourir, mais drôle, me dit qu'il est Kabyle et que j'aurais fait un bon Arabe ! Il m'inspecte sous toutes les coutures et me laisse les boites à 800 DA chaque !

Mon sourire doit s'étendre de la place des Martyrs à la pêcherie quand il m'accompagne sur le trottoir où m'aborde un monsieur qui ressemble en tous points à un retraité heureux. Un Algérien qui a fait le chemin en sens inverse. Venu du sud-ouest de la France, il est heureux à Alger avec sa retraite française. Revenu pour être proche de ses enfants, il enchaine les allers-retours. L'homme est assis sur une chaise en plastique. Je ne tarde pas à avoir ma propre chaise et une Lalla Khedidja que m'apporte le commerçant qui m'a à la bonne. La nuit est tombée. Les trottoirs d'Alger. On discute une bonne demi-heure. L'échange est franc. Tous les échanges sont francs d'ailleurs. On parle immédiatement de choses importantes, avec confiance. Lui, comme de nombreux autres, en dit long, mais pas tout. Chacun à sa manière sait indiquer quand sonne la fin du round, quand on est presque allé trop loin, quand cela pourrait attirer des ennuis, quand cela fait rouler la tête d'un côté puis de l'autre pour voir qui écoute. Grosses poignées de main et remerciements, meilleurs vœux et re-poignées de main.

Jeudi

15 août

Je me réveille si souvent la nuit qu'il est impensable de me reposer vraiment. J'écris, jamais content d'aller au-delà de la note brève, celle qui dit tout en un mot ou presque et ressemble, représente au mieux la vérité. Pour le dire autrement, ne pas broder, sophistiquer, même si j'en ai envie, mais rester à hauteur d'homme. Sophistiquer, le font-ils, eux ?

La journée s'annonce tranquille. Si j'étais venu en Algérie à la pêche, mes filets seraient pleins au-delà de toute espérance. J'irais bien déjà dehors, tracer mon sillon dans la nouvelle journée encore prise dans la nuit. Ralentis.

L'ambiance est arabe au petit déjeuner, avenante, chaude, profondément complice avec les gens qui se trouvent là.

L'atmosphère matinale propose des variations plus ou moins engageantes. Un tableau de couple, à la petite table. Monsieur en djellaba bleu marine attendant, l'air glacial, que son épouse trouve la sortie de ce petit yaourt qui parait ne pas en finir.

Les yeux de cette belle jeune femme sont remplis d'un ennui profond. Ces gestes dans l'espace autorisé par le regard de son mari sont d'une lenteur fatale. Après quelques jours ici, je dois me ressaisir et ne pas oublier où je me trouve, ne pas être hâtif, mais l'ambiance change si vite, et du tout au tout, que l'on voit vivre un homme, une femme ou les deux ensemble. Eux aussi sont réveillés depuis 4 h 30 ou plus tôt. La manière qu'a cette femme de soupirer dans son yaourt n'a peut-être aucune autre raison qu'une courte nuit. Je ne sais pas. Ralentir, je disais, allons bon.

J'ai la certitude à présent d'écrire un récit de voyage particulier, dans une situation spéciale. Je réfléchis à la meilleure manière de n'engager que moi, de ne pas mettre les uns ou les autres en difficulté, de ne pas rendre identifiables ceux ou celles qui auraient prononcé des paroles sujettes à emmerdements. Tout cela est un peu anormal. J'en parlerai plus tard à mon rendez-vous secret qui me voit évoluer avec mes questions, me débattre avec les réponses. Il me dit : « Tu commences à comprendre ».

Quelques bonnes blagues circulent, on me vanne au possible pendant les rares moments de relâche. « Alors, qu'est-ce qu'il va faire aujourd'hui, monsieur Marcus. La Kabylie te manque déjà ? » Et ainsi de suite.

Je n'ai pas retiré assez d'argent pour assumer mes petits cadeaux pourtant pas si coûteux.

Je passe dans la rue à l'heure à laquelle ceux et celles qui y ont passé la nuit s'étirent, bâillent, sont endoloris de toutes les manières et se mettent à l'attaque de la rude face d'une nouvelle journée. Pas de romantisme, pas de drame matinal. Le meilleur moyen reste de marcher, bouger, l'action, l'interaction directe, aller voir.

Traverser devant la Rotonde, encore mal réveillé, même avec des chaussures presque neuves, c'est entrer dans la danse invisible qui s'engage avec le véhicule qui vient vous chatouiller du museau sans jamais vous toucher, comme les poissons de Tigzirt.

Sur les escaliers de la mosquée place Ben Badis, je refais déjà une pause. Je sens que je vais en écrire des kilomètres aujourd'hui, et pas nécessairement pour raconter des choses intelligentes. Exemple : Vu dans le métro, femme en voile intégral, vraiment intégral. Pas de visage, pas d'yeux du tout, un voile à peine translucide en guise de regard. Un enfant mâle de 8 ans environ fait des papouilles à la créature invisible. Un homme, l'air content de lui, sert de canne blanche pour qu'elle n'aille pas s'écraser sur le quai en sortie de rame.

Une escrimeuse. Ai-je déjà évoqué la dame en burqa-chapeau de paille ?

Le ciel offre quelques gouttes. Pommes et bananes, une priorité. Une fillette asperge un chat pour le chasser. Il vient jouer avec mon sac, suivi du petit frère de la fille. Nous jouons tous les trois. Des ouvriers posent des pavés devant la boutique Célia et profitent de la relative absence de chaleur pour s'engueuler sur un mystérieux sujet. Je dois améliorer mon arabe.

La retraite d'un Algérien est d'environ 20 000 DA, voire moins. J'achète une banane, une seule, 100 DA. Lalla Khedidja, 50 centilitres, 40 DA. Un temps plein, qui a des chances d'encaisser environ 40 000 DA mensuels peut se payer 500 litres d'eau fraiche, à peu près trois baignoires pleines. J'ai dû passer devant le marchand d'épices sans faire gaffe, je ne le retrouve pas.

Lorsque je retrouve cette bonne adresse, je me laisse guider dans la multitude de bocaux dont une grande partie verra mon nez de près. Tout est délicieux. On cuisine en paroles, j'ai l'appétit qui explose. Des sacs plastiques odorants, de toutes les couleurs, dont un énorme de poudre de *Hrissa*, pour presque deux kilos en tout, mes pensées vont à la douane et à la tête du préposé qui lit les images du scanner. Je vais y avoir droit, c'est certain.

Bien entendu nous papotons, échangeons, et toujours reviennent les mêmes remarques sur la situation de la jeunesse, le tout pendant que le petit magasin charmant se charge de clients qui sont toutes des clientes. Les petites conversations qui ont l'air de ne pas y toucher s'étendent systématiquement comme des feux de paille, davantage encore quand la présence n'est que féminine. Dans nos échanges, profitant de l'absence des hommes et de toute autorité religieuse identifiable, la question s'est posée de l'articulation possible entre la religion et la féminité. Une cliente, qui n'en a pas perdu une miette, m'explique ceci : « Moi, je suis avant tout musulmane et c'est par cette vérité et la vérité de l'Islam que je vois tout le reste, que tout le reste se fait. Mais maintenant nous avons aussi de nouveaux éclairages apportés par la science, la vraie science qui nous aide à comprendre encore plus les paroles du prophète et à nous guider dans la vie. Surtout, pour ce qui est de la relation entre les femmes et les hommes. Je n'ai même pas 30 ans, et même si je suis une femme musulmane, mon corps peut éprouver des envies pour un homme. Mais je dois maitriser ces envies, ne pas me laisser aller et écouter les préceptes pour me comporter convenablement. Je vais te donner un exemple. Certaines femmes mettent du mascara pour se mettre en valeur et attirer les hommes. La science a prouvé que de mettre du mascara sur les sourcils les influençait chimiquement pour aller vers les hommes et commettre le mal. C'est vrai aussi pour la peau ou les lèvres. Si nous commettons le mal avec un homme, non seulement c'est de notre responsabilité, mais c'est normal d'être rejetée par tous ceux qui sont de bons musulmans. »

Voilà en tout état de cause ce que j'apprends et entends à cet instant. Les autres clientes acquiescent, cela parait évident. On en parle comme si on décrivait cette dite avancée scientifique comme l'invention du téléphone ou l'explication de la gravité.

La vendeuse, bien occupée et neutre comme se doit d'être la commerçante éclairée, n'a pas le temps ni d'en ajouter ni d'en retrancher. Elle est à présent face à moi, côte à côte avec une dame qui n'est, elle, plus tout à fait jeune, qui porte un foulard marron, un sac à main élimé au possible et d'épaisses lunettes avec lesquelles elle regarde 40D que je porte à l'épaule, sans dire un mot. Ses lunettes se lèvent dans les miennes, j'ai immédiatement pigé qu'elle venait d'avoir une grande idée, une ambition, que j'allais y prendre part. Elle m'adresse quelques mots, se tourne vers une cliente qui traduit : « Elle demande si tu peux l'accompagner, ce n'est pas très loin. »

Je réponds oui. La dame s'éclaire et la voici déjà en route à travers la petite foule de clientes vers la sortie. La traductrice ajoute : « Elle a un fils handicapé, en fauteuil. Elle voudrait que tu fasses une photo de lui. Suis-la. » Les allées du marché débordent de monde, et comme si cela ne suffisait pas, de temps en temps une voiture cherche à écraser les pieds qui dépassent. La dame est accompagnée de sa fille. Les deux se frayent un chemin. Nous mettons un temps fou pour sortir de là et rejoindre le bord de la place des Martyrs. Je n'ai aucune idée d'où nous allons. Je vois, à 30 mètres de là, des Touaregs couchés sous un arbre. Juste à côté, sans que je sache s'il y avait un rapport avec eux, une sorte de petite équipe en reportage photo ou vidéo. En tout cas, l'ensemble formait une belle image sur la place surchargée, et de voir des gens en prise de vue était une bizarrerie. Bien entendu, je vise et déclenche. Au moment même où j'appuie sur le déclencheur, j'aperçois une tête qui dépasse, me regarde et arrive au pas de course en criant. Le bonhomme est de très, très, mauvaise humeur : « Qu'est-ce que vous faites ? Vous me prenez en photo ? Vous voulez aller en prison ? » Cet excité finit par se présenter comme policier en civil. (Il est dit qu'à Alger il y a plus de policiers en civil dans les rues que de population.) Il épluche mes papiers, téléphone à je ne sais qui pour donner des infos dans un mélange de français et d'arabe et relance une rafale de questions, en braillant : « Pour qui vous travaillez ? Qui vous a délivré une accréditation ? » Je tente de le calmer en lui proposant d'effacer la photo qui le concerne, mais celle-ci seulement. Je l'efface devant lui. « Pourquoi vous êtes ici ? » J'explique au type qui ne sait s'exprimer autrement qu'en gueulant que je suis touriste, avec madame, pétrifiée, et que je ne vais pas pouvoir lui parler s'il continue de gueuler. L'animal s'approche de madame et hurle, en français : « Vous êtes sûre que vous avez un fils handicapé ? Et si vous avez un fils handicapé, c'est quoi cette idée de vouloir une photo de lui ? Ça fait plaisir à qui, d'avoir une photo d'un handicapé ? » Il me regarde. Je lui montre une nouvelle fois mon passeport, qu'il connait par cœur, je l'encourage à noter que c'est un passeport français et que je ne vais pas me gêner pour dire comment on reçoit les touristes en Algérie. Il retourne jouer les chefs à plumes là d'où il a surgi.

J'ai un message personnel pour cet homme : vous êtes la honte de la police. Heureusement, me concernant, vous êtes un cas isolé. J'espère qu'en châtiment mérité, votre chef vous enferme avec votre mère pour qu'elle vous mette une branlée.

La dame, sitôt le type parti, se remet en route sans un mot et nous n'avons que la place à traverser jusqu'au pied de Djamaâ Eldjadid où nous retrouvons le père et le fils. Je prends les photos désirées du très jeune garçon avec sa mère… humiliée en public par la police de son pays pour avoir voulu faire plaisir à un garçon qui n'en connait que peu. Il m'énerve, celui-là ! Le père me donne un numéro de téléphone pour recevoir les photos, dans quelques jours ou semaines.

Retour aux épices où j'embarque ma grosse commande qui fait de moi un couscous ambulant. Une nouvelle série de photos avec les tenanciers. Je repars cette fois en quête d'un petit drapeau algérien pour chez moi que je compte garder sous le nez quand je rédigerai ces lignes et toujours penser à eux. J'en trouve un quelques rues plus haut, mais il n'y a que le grand modèle. Je prends !

Pause Conti, café pressé pour homme ralenti. J'espère que l'électricité engendrée par cette mauvaise rencontre va vite se dissiper.

Je redescends en direction du métro. Des voix s'échauffent sur le marché, il y a un monde fou et la bagarre n'est pas loin entre marchands. Je descends dans le métro où j'encaisse un autre frisson. Là, équipes de télé, service d'ordre innombrable, encravaté et bondissant par-dessus barrières et tourniquets. Une foule en mouvement droit sur moi, drapeaux à la main, scande de toutes ses forces « Hassani, président ! Hassani, président ! » Abdelaali Hassani, candidat du parti islamiste. Aujourd'hui, c'est l'ouverture de la campagne présidentielle à Alger. Ça n'excuse rien, mais explique peut-être les nerfs en pelote. Ambiance !

Retour à la rue, au rassurant Square Port Saïd. J'y retrouve une conversation inachevée qui m'apprend que des groupes, composés d'employés de l'administration, de profs, de travailleurs du privé et d'autres, travaillent ensemble trois fois par semaine à la réactivation du *Hirak*. Au restau d'à côté, boureks et brochettes-harissa descendent tout seuls. Ce pays est une mosaïque, en trompe-l'œil. En mangeant, je regarde les gens autour de moi. Je me demande comment le pays pourra éviter une confrontation violente. Je mets ça sur le compte de ma grande ignorance, mais l'impression d'être à un endroit où minuit a sonné est forte. Cela me fait peur, soudain j'ai peur pour eux.

Je veux donner cet après-midi au musée du Bardo, le célébrissime. Célébrissime, c'est exactement cet aspect flatteur qui me charme et me freine. Survendu, le Bardo ? On verra, j'ai très envie d'y aller. De plus, je ne connais pas le quartier. Métro, que j'adore, jusqu'à Khelifa.

Je questionne l'agent du guichet qui ne sait pas de quoi il s'agit mais m'envoie, un peu par hasard, sortir dans une rue où je trouve un jeune policier. Il est d'une gentillesse qui fait définitivement du type mal élevé de ce matin une exception. Lui non plus ne sait pas ce qu'est le Bardo, musée de préhistoire et d'ethnographie, mais m'indique une direction à suivre. Rigolo, ça, de ne pas savoir du tout de quoi il s'agit, ça rend la chose encore plus intéressante.

Tout en haut de la rue, je sens que j'arrive en quartier bourgeois, nouvel arrêt dans une pâtisserie qui brille de mille feux pour une chose succulente aux amandes et aux pistaches.

Une pâtisserie algéroise est une station-service de plaisirs où s'arrêter faire le plein doit être une règle, ne serait-ce que d'une seule de ces petites choses. Plus je monte, plus l'ambiance se règle sur aisance et richesse. « Bardo, c'est juste là ! » me dit-on. Pas de Bardo en vue, je redemande. Cette fois, on m'envoie dans des escaliers raides (que d'escaliers à Alger), du très joli parc de la Liberté. « Tu vas là, c'est l'entrée. » J'arrive enfin, au Musée national des antiquités et des arts islamiques ! « Bardo, c'est plus bas. » Le musée des arts islamiques est un bijou invraisemblable. J'y reste longtemps, c'est aussi discret que beau. Je reprends la rue vers le bas, vois un panneau Roosevelt et, au loin, un bâtiment blanc couvert de drapeaux, ça doit être là. Un jeune militaire solitaire est garé derrière une grille et me sourit contre toute attente. Le bâtiment est superbe, j'ai hâte. Je vais voir le gars et sa mitraillette un peu bizarre pour un musée. Ce n'est pas le Bardo du tout. Il m'explique : « C'est le palais où le président fait des réunions, le palais du peuple ! » Rien à faire, pour visiter la résidence du Dey je vais devoir attendre un carton d'invitation spécial de Monsieur Tebboune. Je dois noter de lui envoyer mon adresse dès le retour !

Enfin, le Bardo avec une visite qui s'ouvre sur une exposition envoûtante sous le titre on ne peut plus simple de *La musique en Afrique*. Je pense à ma peur de l'Afrique et de ce qu'elle pourrait faire de moi. Mais, je suis déjà en Afrique. L'Algérie me joue des tours. L'Algérie, et le Bardo, que je suis content de ne voir qu'un jour avant le départ, me disent : « viens, avance encore, souviens-toi qu'un jour tu iras où tu ne veux pas aller. Avance au-delà du désert ». Je suis sous le coup d'un envoûtement et tout mon corps pétille, je ne suis plus que frisson qui ne peut plus dire non à l'Afrique comme on est attiré par le vide. Quel voyage parfait. Quelle éclatante démonstration de la définition de l'aventure en tant que *ce qui vient à soi*. La bouche grande ouverte, j'arrive au palais du Bardo lui-même et c'en est presque trop. Je n'en dévoilerai rien, c'est impossible. Je repense à Sarah.

Dans la même station-service qu'à l'aller, je fais un nouvel arrêt. Demain, tout proche à présent, sera un autre vendredi. Un vendredi pour un dernier jour en terre d'Islam qui s'est ouverte comme une fleur pour la petite abeille curieuse que je suis.

Tableau contemporain, petit cadre et foule compacte. Il y a Ayoub, employé en restauration. Petite vingtaine, en job d'été. Ayoub reste sur son lieu de travail jour et nuit, attendu de pied ferme qu'il est chez lui par la police. Le jeune homme doit se présenter au service militaire obligatoire. Il serre les dents quand il en parle. S'il se fait arrêter dans la rue, il espère pouvoir payer pour y échapper. Il a déjà pu voyager en France, en Italie, aux Pays-Bas, mais avant sa majorité. Après, pour un visa, c'est foutu. Il termine un master en management. Son seul projet une fois diplômé, Harraga.

Vendredi
16 août

Hier soir, j'ai passé un long moment à partager un bout de trottoir avec des jeunes d'Alger centre. Ils sont à peu près tous dans une merde noire, mais ont tous lu Hugo et citent *L'Étranger* de Camus et *Les Misérables*, le monde est petit. Je n'ai jamais lu *Les Misérables*.

Samira, femme de chambre logée sur son lieu de travail qu'elle ne quitte jamais, dort debout à côté des thermos de café. Samira est une très belle femme qui ne sourit plus.

Partout, dans chaque commerce ou établissement, le nombre d'employés est disproportionné. Ils se serrent les coudes et attendent que quelqu'un bouge le verrou, le grand cadenas. Ils ne sont pas rares, ceux qui disent que l'instruction ne peut les aider, ne leur sert à rien quand pourtant celle-ci est, partout dans le monde, vantée comme la solution. L'instruction comme promesse de liberté et d'émancipation. Mais en vase clos, aucun intérêt.

Je me remue et vais faire un tour à la porte d'embarquement, à 20 minutes de là, m'assurer de me rendre au bon endroit demain. Il s'agit de ne pas se tromper. Le port est toujours en bord de mer, les bateaux tous dans l'eau. Tout va bien.

Je reprends le grand escalier, tire droit direction pêcherie et fais prendre l'air à 40D, fort content des belles lumières. Une fille m'aborde avec une question toute bizarre. Elle se demande, en anglais, si l'escalier monumental qui dessert la pêcherie lui permettra de remonter. Elle m'assure être déjà tombée sur des cas litigieux d'escaliers à Constantine et me demande de l'accompagner. En bas, je deviens le type qui accompagne madame en quête de crevettes fraiches. J'apprends qu'aucune main ne se refuse, encore moins celle du gentil poissonnier qui secoue la mienne, qu'il pense être celle du mari de, et dont je conserverai le doux parfum une bonne partie de la journée. Nous parvenons, par je ne sais quel miracle, à gravir le grand escalier en sens inverse et, petit sachet odorant à la main, elle insiste pour me présenter son mari, lui aussi fâché avec les escaliers. Monsieur, resté à l'ombre, nous accueille de bonne humeur et voilà que reprennent papotages et discussions. Elle, diplômée en biologie, explique travailler dans le commerce, import-export et gagner 100 000 DA par mois, les bons mois. Je comprends plus loin dans la discussion qu'elle est payée exclusivement en pourcentage sur les gains, zéro dinar de salaire. Son mari me recommande de laisser tomber la conversation avec sa femme qui vit, de toute manière, de son argent à lui (!).

Eux partent cuisiner les petites bestioles. Moi, rêveur, je fonce droit pour une visite du phare de l'amirauté au bout de la pêcherie. Initiative qui sera vite avortée par des militaires en faction qui expliquent à l'Ardéchois qui déambule sur leurs plates-bandes qu'il ferait mieux de se réveiller. « Terrain militaire, monsieur, terrain militaire. » Ils sont au moins 20, je n'avais pas bien vu. Ok, ok. 40D et moi partons alors pour la visite du palais des Raïs, Bastion 23, entre grande fontaine et Méditerranée superbe. Le lieu est aussi exquis que le Bardo, un joyau de plus.

Ici, quand on ne parle pas politique, on la voit. Une exposition temporaire accueille le visiteur, en langue arabe et en anglais. Pour tous les autres, francophones par exemple, circulez, il n'y a rien à voir. Il semblerait que le président, oncle Tebboune comme l'appellent affectueusement quelques-uns de ses sujets, ait décidé qu'après l'arabe sur la liste officielle viendrait l'anglais, puis c'est tout. C'est un peu dommage, et si c'était mon oncle à moi je lui partagerais mon sentiment. Heureusement, ceux qui ont œuvré avant lui ont laissé au monde des beautés universelles qui se passent de sous-titres.

Concernant les préférences linguistiques de Monsieur Tebboune, j'ai entendu un citoyen s'interroger au sujet de son oncle : « dans quelle langue celui-ci s'exprimait une fois dans un hôpital français », mais c'est là encore mauvaise langue. Ces lieux, comme le palais des Raïs, aident à ralentir. En regardant par les fenêtres colorées, on sent la fraternité d'ici jusqu'à l'autre rive. Il faut la resserrer.

Je dois à présent penser aux provisions. L'armateur a annoncé 28 heures pour la traversée retour. À l'épicerie, une boite de *vache qui rit en kabyle* et un pain rond s'ajoutent aux dattes, pommes et bananes. Pommes, 3 exemplaires, banane, 1 exemplaire, 450 DA ! Midi passé, je sens toujours fort la crevette, le soleil tape modérément, mais quand même.

Je vois la porte de l'Hôtel, mais suis arrêté en salutations généreuses par mon restaurateur favori qui tient à me présenter son patron, un monsieur tout de blanc vêtu. Voici en quels termes il se présente : « le pharmacien du coin, chercheur en épigénétique et conférencier mondial en démonstrations par preuves scientifiques de ce que le prophète disait il y a quatorze siècles » ! J'écoute l'homme qui entreprend de m'expliquer, schémas tracés au doigt sur la vitre sale de la voiture juste là, les trois cycles de purifications de la femme et les problèmes que pourrait lui causer un mariage prématuré après en avoir connu un autre, donnant ainsi au second un enfant du premier. Je lui demande en quoi il y était pour quelque chose dans la démonstration de la problématique du mascara sur les sourcils de musulmane. Il m'assure que ce ne sont là que broutilles d'histoires de cosmétiques hallal à côté de ses propres découvertes qu'il partage partout dans le monde, même à des gays, ajoute-t-il. Il engage la discussion sur mon cas personnel lorsqu'il comprend que je suis sans religion. C'est une affaire de jours, de quelques années au plus, tant les preuves qu'il apporte aux révélations prophétiques sont incontestables et convertiront même des gens comme moi.

J'ai faim, je vais tomber dans les pommes si je ne mange pas immédiatement, et demande à mon ami cuisiner s'il bosse le vendredi. Il dit que non, mais plutôt que de me voir le quitter il insiste pour me montrer des photos de sa sœur installée à l'autre bout du monde. J'adore ces gens, ils ne s'arrêtent jamais. Il me dit que j'ai bon cœur, plein de bons sentiments, que je serai toujours Français en France, mais Algérien en Algérie. Je ne sais plus comment remercier.

Juste sous mon cœur plein, mon ventre vide. Problème vite résolu chez un autre voisin. Une pause, et les premiers picotements dans ce cœur dans lequel Alger s'est fait une bonne place.

Dernières heures ici et toujours la bougeotte. Retour aux Martyrs que j'affectionne autant qu'Alger centre, noyau du réacteur, pour plus d'épices avec mes derniers Dinars. Ouvert ce matin, fermé à présent. Direction Tafourah alors. Là, une *Kermesse scientifique*. Petit marché, stands de jeux d'adresse, coloriage avec un adulte en pleins travaux pratiques, échiquiers, expériences physiques, plusieurs musiques à fond en même temps, un danseur, une danseuse, des vélos. Tout à fait bon enfant. Je m'oblige à poser mes fesses. Pour cela je vais dans une pâtisserie avec l'idée d'apporter quelques délices aux gens gentils à l'hôtel. Rien à emporter ici, tant pis, mais l'envie d'une pause et la bonne tête d'un gâteau appelé saint-sébastien me font installer pour une part et un café en capsule. Boire une *caps* en Algérie devrait être puni de quelque chose, même symboliquement, tant c'est con alors que les miraculeuses machines Conti sont toutes proches. Saint Sébastien, dont j'ignore les motifs de sainteté, est très, très bon, caps aussi. Je vais pour payer. La femme annonce 1 000 DA (!!!), 400 DA la *caps*, 600 DA pour la part de saint-sébastien.

J'ai mangé et bu, je paye. Dans un pays où la guerre civile guette entre celui qui peut se payer une banane et les autres, je fais l'effort de ne pas formuler ma pensée, mais je le lui aurais bien rendu, son gâteau !

Plus loin, sur le petit marché d'artisans, je me fais tendre une cuillère de miel de Tipasa par un vendeur. 2 000 DA le pot, 4 000 DA le kilo. 27 € son kilo de miel, presque 10 € de plus que le bon miel ardéchois ! Encore sous le coup du gâteau tout ce qu'il y a de honteux, je ne prive pas le bonhomme du petit exercice de conversion. J'en achèterai en Ardèche ! Une cliente m'interpelle et espère que les apiculteurs ardéchois s'entourent des précautions nécessaires pour une récolte réussie. Elle explique que le miel produit par des musulmans sera toujours meilleur, qu'il savent prononcer les bonnes formules, qu'elle espère que l'Ardèche compte son lot de chamans et d'apiculteurs qui respectent leurs animaux et que nous disposons d'un centre de formation valable pour ce genre d'opération qui ne s'improvise pas et explique en partie le prix de la marchandise !

Je me dégage de là et trébuche presque sur une femme et sa fille écrasées sur le trottoir devant une supérette. Mes Dinars se changent en biscottes briochées, petits gâteaux, 1 boule de roulé merguez, 1 grande bouteille d'eau fraiche, 2 paquets de pain complet, 1 500 DA. Presque rien. Vivre 2 jours. Pas simple, ce n'est pas simple.

Nous devrions porter sur nous, comme une roue de secours dans une voiture, un petit cerveau de voyage à utiliser quand le principal devient tellement défaillant qu'il se met à justifier n'importe quoi avec des doctrines qui n'ont rien de douces, avec des idées qui n'ont rien d'idéales, qu'il faut le considérer comme crevé.

Retour dans la chambre. Le grand sac est plein, le petit sac qui était dans le grand aussi, ma tête aussi, le cœur j'en ai déjà parlé. Le réveil est réglé à 3 h 30. Il parait que les voyageurs de retour d'Afrique vont devoir se faire dépister négatifs au Mpox. On verra. D'abord une courte nuit, avec un lever avant le muezzin himself.

Ni fauteuil, ni cabine demain, restriction budgétaire, un voyage *on deck*, campeur flottant. Avec fauteuil, c'est pareil, mais plus cher.

19 heures, heure française. Je ressors le carnet qui va devoir subir quelques lignes fatiguées.

Samedi
17 août

La longue journée rassemble à 4 heures du matin les centaines de traversants au Port d'Alger. Par *Port d'Alger* il faut entendre un entassement sur le trottoir devant la grille de la porte d'embarquement des piétons qui ne s'ouvrira que des heures plus tard. Je suis arrivé à l'heure en partageant le taxi de Kamel, un bonhomme, inspecteur de douanes parisien de son état, moulin à paroles de l'espèce des moulins qui commence ses phrases par : « t'as pas compris que, tu dois comprendre que ». Plus loin je fais la connaissance de Louis, ancien pêcheur de corail qui raconte fortunes et déboires, et qui dit en sourdine au sujet de Kamel, avec son accent marseillais formidable : « celui-là, il parlerait à une momie », ou encore « s'il en trouve un comme lui, il le tue pour être seul ! »

Le départ est prévu pour 8 heures. Il est environ 10 h 30 quand nous sommes enfin certains de n'avoir aucunes nouvelles de notre bateau. Peut-être un problème de tempête, je ne fais pas le fier. Il nous reste un certain nombre de contrôles à passer. Certains, en famille, ont déjà 10 heures de bus dans les os. Patience.

Un Arabe qui ne parle pas est un Arabe mort, et ici ils sont tous en vie, et pas qu'un peu. Mais, au fond, chacun rêve de monter sur le machin, trouver un coin de moquette sous un escalier et dormir, dormir.

Joie, au loin, notre bateau apparait. Il est 11 h 13.

On ne peut qu'avoir, nous les piétons en salle climatisée, une pensée pour les malheureux qui patientent dans les bagnoles avec enfants et grands-parents, bien au chaud sous les tôles de la station de douane.

Mon carnet me raconte cette note : *Il faut ajouter pour être juste qu'on rigole, les gens discutent, les enfants jouent, personne, vraiment personne ne râle ou montre signe d'impatience, les douaniers fument comme des pompiers et font des blagues, on dort où le corps se pose. La même situation en France, scandales et Doliprane à gogo.*

Nouvelle note vers 12 h 28 : *ce bateau doit être formidable puisque jusqu'ici personne n'en a débarqué. Des pronostics circulent, dont le plus optimiste envisage un départ vers 15h. Je préfère ne pas m'étendre sur le plus pessimiste, et encore moins les rumeurs de mauvais temps... glups. Sortez les violons.*

À 16 h 51, l'initiative de prendre le large est couverte d'applaudissements !

La rumeur circule que la veille des membres du Mouvement d'Autodétermination de la Kabylie, le MAK, se seraient fait coffrer à Béjaïa, la voiture pleine d'armes, le tout en provenance de Marseille. En campagne présidentielle, tout le monde est sur les nerfs pour moins que cela. Le capitaine nous révélera plus tard avoir dû faire des ronds dans l'eau sur ordre des autorités algériennes et ne pas débarquer à l'heure prévue, d'où le monstrueux retard.

Un jeune homme m'aborde, me demande des nouvelles de ce qu'il appelle mon *road trip* algérien en montrant mes sacs à dos. Nous échangeons longuement, chaleureusement, et il ajoute d'autres couches encore au mille-feuille qu'est ce pays. Mais soudain Jimmy s'arrête, regarde les dernières miettes de terres disparaitre et pleure.

Tout ce qui est rapporté ici est vrai. Tout ce qui est dit ici vient et doit revenir aux Algériens et Algériennes. Je comprends en voyant Jimmy pleurer son départ après deux mois au pays, exprimant le souhait que tout aille bien, qu'il vient lui-même de donner son titre à ce modeste récit qui est le sien, le leur.

19 heures. Le capitaine annonce une chasse aux enfants qui se baladent seuls sur le bateau. Les parents ont droit à un remontage de bretelles en règle. Il dit, très énervé, très sonore : « les vacances sont finies, on rentre en France ! » Lors d'une autre annonce, il promet de mettre le turbo pour rattraper les 8 heures de retard. Ça, c'est du capitaine !

Je résiste, assis au snack, pour ne pas aller m'étaler trop tôt entre les fauteuils du pont 6. Aucune photo aujourd'hui. J'aimerais trouver la force de trainer tout mon barda sur le pont cette nuit pour surprendre dans son sommeil la Voie lactée entre deux mondes.

Tout à la ronde, un horizon liquide. Je m'adresse aux Harraga : Ne le faites pas. Renoncez. Regardez toute cette eau ! Mais vous allez le faire, je le sais maintenant. Je le ferais aussi, je le sais maintenant. Mais, regardez toute cette eau !

La note nocturne, 2 h 43, dit ceci : *Nuit en pointillés solitaires, allongé dans mon couloir, discret comme un Toutankhamon sur une autoroute peuplée de gosses qui jouent, qui se traitent de bâtards en claquettes… Un p'tit Arabe, sitôt sur la mer, se lave de toute trace d'éducation. Avec ma gueule défaite, ils viennent me demander si j'ai mon permis moto, les petits agneaux, au lieu de dormir. L'engin est plein à craquer. 700 véhicules à 4 pattes et bien davantage à 2. Un capitaine au bord de la crise de nerfs qui donne de la voix pour faire comprendre que nous sommes en pleine mer et non en colonie de vacances. À toute heure, des enfants perdus, retrouvés par on ne sait qui, encore moins pourquoi. J'ai écrit mes dernières lignes dans mon dernier carnet, c'est fini, c'est fait. Je vais tenter une ou deux longueurs de sommeil sur ma serviette, non sans adresser au ventre de la bête un solennel vœu de "si vous pouviez fermer vos gueules" aussi tendre et fraternel que possible.*

Dimanche
18 août

11 h 45, La Ciotat en vue. La capitaine a roulé *à l'algérienne* !

13 h 49, tout le monde est fatigué, preuve avec l'annonce du capitaine qui déclare : « nous venons d'accoster à Alger » !

Rassemblés, pont 6, devant le *Point informations*, en attente des consignes de débarquement. J'aperçois Kamel toujours la bouche ouverte en grand. Cette fois, il crie sur des enfants et fait comprendre à leur père qu'il devrait mieux les élever. Le père garde sa dignité algérienne là où d'autres auraient balancé l'individu par-dessus bord.

« Piétons, vous pouvez rejoindre le pont 3. » La descente un peu bordélique entre les voitures se fait, mais encore les esprits s'échauffent, cette fois entre les passagers crevés et les agents de sécurité.

Un seul contrôle de passeport, avec un sourire amusé de la douanière à la lecture de la lettre du juge autorisant mon ami pêcheur de corail, sous le coup d'un mandat européen, et dont je pousse la valise, à aller et venir. Le filou. Il insiste pour m'emmener en voiture jusqu'en ville, mais je préfère rester seul un moment.

Il se passe quelque chose en moi, d'amical, d'inquiétant, de chaud, d'incontrôlable.

C'est Sarah, son regard posé sur l'horizon, qui me dit : « Marcus, c'est elle qui te traversera ».